作者简介

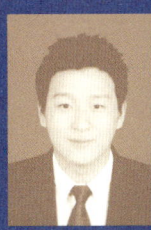

吴鹤，男，中国武术六段，跆拳道运动健将，柔道国家级裁判，空手道一级裁判，跆拳道一级裁判。福建省武术协会第八届常务理事，副秘书长。曾入选中国跆拳道国家队运动员备战悉尼奥运会，获得过全国冠军赛季军，多次荣获福建省锦标赛冠军。擅长传统武术、散打、拳击、跆拳道和柔道。培养、输送多名福建省锦标赛冠军和一级运动员。1998年和2007年莆田市委、市政府分别授予『优秀运动员』和『先进体育工作者』。2017年莆田市人民政府授予『第四批非物质文化遗产项目莆田南少林武术（佛祖棍法）代表性传承人』。2021年福建省武术协会授予『社会武术优秀教练员』。

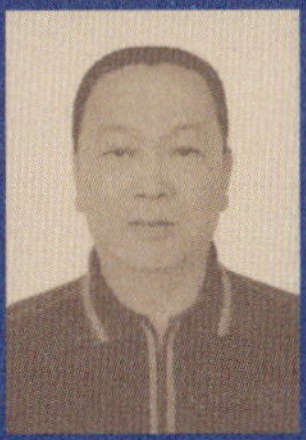

洪光荣，男，中国武术七段，中国健身气功六段，全国千名优秀武术辅导员，国家级裁判，国家级社会体育指导员，曾获全国业余体育训练先进工作者，福建省优秀少体校校长，福建省百名优秀社会体育指导员。曾任莆田市少体校校长，莆田南少林武术学院院长，首任莆田市武术协会主席。曾任福建省武术协会副会长，福建省跆拳道协会副会长，福建省健身气功协会副会长，福建省南少林武术促进会副会长，莆田南少林寺武术指导老师，莆田南少林武术协会会长。1975年第三届全运会荣获南拳第八名。1980年全国武术观摩比赛金奖。1993年首届嵩山少林寺国际武术比赛金奖。2000年国家体育总局、教育部联合表彰授予『全国青少年体育工作先进工作者』。2012年国家体育总局健身气功管理中心授予『2012年全国推广健身气功先进个人』。2011年福建省人民政府授予『第四批福建省非物质文化遗产名录』。2018年被命名为『福建省第四批非物质文化遗产保护项目《南少林武术（莆田）》代表性传承人』。培养了众多的武术套路、武术散打、拳击、跆拳道锦标赛、冠军赛的冠军运动员和运动健将、一级运动员。2006年和2008年莆田市委、市政府两届表彰授予『莆田市拔尖人才』称号。2010年莆田市人民政府命名洪光荣为『莆田市第二批非遗保护项目南少林三十六宝传统拳术代表性传承人』。曾在1989—1992年被北京体育大学体育系聘为指导老师。曾被中国跆拳道协会授予『贡献奖』。曾被莆田学院、湄洲湾职业技术学院聘为客座副教授。2021年福建省武术协会授予『突出贡献老武术家』。2025年福建省健身气功协会授予『特殊贡献奖』。

贺洪光荣先生桩功秘笈出版

桩正拳正人正
功成术成道成

丁亥夏 康戈武

康戈武贺词　中国武术研究院专家，中国武术九段，教授

流年殳殳　硕果蕊蕊
老骥伏枥　志在千里

贺洪光荣先生《莆田南少林武术班功秘笈》出版

庄昔聪 甲辰仲夏

庄昔聪贺词　福建省武术协会第八届监事长，中国武术八段，教授

PUTIAN
NANSHAOLIN
WUSHU
ZHUANGGONG
GONGFA

莆田南少林武术桩功功法

莆田市健身气功协会 组织编写

吴鹤 洪光荣 编著

化学工业出版社
·北京·

内容简介

本书讲述了莆田南少林武术桩功功法，有功法要诀，也有演练示范。同时对三十六宝传统拳、白鹤拳、五行乩手、半撩拳和全撩拳、三战拳、佛祖棍法、青龙大刀等也进行了介绍，并有示范演练。本书全彩色印刷。

本书中的功法，不需要特定的场地、器材，很适合居家练习，可供广大武术、健身爱好者使用。

图书在版编目（CIP）数据

莆田南少林武术桩功功法 / 莆田市健身气功协会组织编写；吴鹤，洪光荣编著. -- 北京：化学工业出版社，2025.6. -- ISBN 978-7-122-47963-1

Ⅰ．G852.1

中国国家版本馆CIP数据核字第2025DB4465号

责任编辑：韩庆利
责任校对：赵懿桐
装帧设计：刘丽华

出版发行：化学工业出版社
（北京市东城区青年湖南街13号　邮政编码100011）
印　　装：北京瑞禾彩色印刷有限公司
787mm×1092mm　1/16　印张13¼　插页1　字数160千字
2025年8月北京第1版第1次印刷

购书咨询：010-64518888
售后服务：010-64518899
网　　址：http://www.cip.com.cn

凡购买本书，如有缺损质量问题，本社销售中心负责调换。

定　　价：168.00元　　　　　　　版权所有　违者必究

《莆田南少林武术桩功功法》

策　　　　划：林文贤

编委会主任：洪光荣

编委会副主任：吴　鹤　王　群

编　　　　委：（以下排名不分先后）

　　　　　　　林文贤　吴　鹤　洪光荣

　　　　　　　王　群　徐先棋　宋宏儒

编　　　　著：吴　鹤　洪光荣

拍　　　　摄：李鹏涛　陈寿雨　林国希

鸣谢（以下排名不分先后）

林国开　甘式光　林文贤　戴林彬　林建华　郑旭旭

徐先棋　郑建武　王文龙　张文锁　宋宏儒　蔡力松

福建省健身气功协会

福建省武术协会

福建省武术运动管理中心

福建省南强武术研究院

莆田南少林寺

莆田柏龄服饰有限公司

序言

洪光荣老师是我熟悉的朋友，在福建省武术界，他可以算是个传奇人物。福建电视台、央视《体育节目专访》《走遍中国》《非遗里的中国年度盛典》等栏目中，经常有采访他的专题。他具有高级教练职称，中国武术七段，中国健身气功六段，国家级社会体育指导员。曾被国家体委授予"全国千名优秀武术辅导员""全国青少年体育工作先进工作者""全国推广健身气功先进个人"；是福建省"突出贡献老武术家""福建省第四批非物质文化遗产保护项目《南少林武术（莆田）》代表性传承人"。各种奖励与荣誉多多。

我们相识于福建省武术比赛的赛场上，记忆中，最早是在1976年三明举办的福建省武术交流大会，接着是在1977年龙岩的连城举办的全省武术比赛。而洪光荣老师早在1975年入选福建省武术集训队，参加第三届全运会荣获南拳第八名。1979年和1980年他代表福建队，参加在广西南宁和山西太原举行的全国武术观摩交流大会，由于成绩突出，他入选中国武术代表团，访问日本、菲律宾、新加坡等国家。那珍贵的录像记录着在日本武道馆中展示中国武术的一批老武术家的风采，其中就有洪光荣与黄清江的南拳对练。那时期，福建省武术协会会长由省体委群体处长刘忠路先生兼任，每年必有一期隆重的全省武术工作会议，会上安排有突出业绩者发言，洪光荣老师出访回来后，在大会上介绍在日本访问旅途中的观感，讲述异国民众在列车的礼仪与举止，给来自福鼎县城的我留下深刻印象。

1978年开始的改革开放，给全国人民带来巨大的创造激情，各行业都在努力开拓新的局面，武术运动也迎来蓬勃发展期。传统武术观摩交流大会、武术散打比赛、太极拳比赛、硬气功表演等，五彩缤纷的武术竞技场景，象征着我国武术运动发展一片生机。以传统南拳见长的洪光荣老师在20世纪90年代初，转身变成硬、气功的达人了，他与夫人王群、儿子吴鹤合作"叠罗汉钉板碎石""赤脚气球上踩刀放飞镖""太阳穴破砖""悬空排打""纸环吊日光灯"等节目，技惊四座，多次在福建省体委、莆田市政府举办的重大活动大会武术表演中出场，并代表中国武术团、福建省武术团运动员出访数个国家，赢得观众的阵阵掌声。

这个时期，中断多年的拳击运动恢复，新兴的跆拳道竞技也相继引进我国，这些在欧美已经成熟的徒手搏击项目的引进，既是对我国武术项目技击性的挑战，也是对各类武术人的一种测试。徒手对抗竞赛在我省开展初期，洪光荣老师带的永安散打队（代表三明市）在"福建省'福州保险杯'武术散打比赛（1987年·省体育馆)"中夺得团体冠军。从武术转身拳击，他带出吴晨燕、任向景等优秀队员入选国家拳击队，接着跆拳道风靡，他又介入我省跆拳道的训练与竞赛，担任福建省跆拳道集训队教练员，培养的肖舜娥、吴鹤、李丹等数名队员入选国家队，并被北京体育学院等高校所录取。他立足传统南拳武艺，跨界数种徒手对抗运动，并接连取得不俗的成绩，这让我深感敬佩。

他还热心公益事业，努力传承宝贵文化遗产，先后被北京体育学院、莆田学院、莆田南少林寺、湄洲湾职业技术学院、福建南强武术研究院等单位聘请为高级教练或指导老师、顾问等。莆仙大地处处都有他传承南少林武术的身影。当下，莆田市各地的武术骨干多是他的学生。

莆田自古被称为海滨邹鲁，历史上文化名人辈出。而莆田在体育方面也是名人云集，篮球、田径、排球都拥有多位闻名全国的名将。而莆田是全国首批"全国武术之乡"，莆田籍的武英级运动员在国内国际比赛中多次荣获金牌。在人才辈出、竞争激烈的社会背景下，洪光荣三十余年担任莆田市武术协会会长、莆田南少林武术协会会长。并两度被莆田市人民政府授予"莆田市拔尖人才""莆田市劳动模范"。其人品与业绩是被各界充分认可的。

退休后，他仍不忘初心，焕发青春，钟情武术，耕耘不辍。相继出版了《莆田南少林武术》《莆田南少林武术专辑》《莆田南少林武术内养功法》三本专著。全面系统地介绍了莆田南少林武术的历史渊源以及传承至今的传统套路和功法。他实事求是，不虚张。有一份材料说一份话。对莆田武术历史传承、当代的莆田武术运动发展史，是一个难得的、全面的整理与记载。特别是他所擅长的"三十六宝传统拳术"和"佛祖棍法"，弥补了莆田地方拳种在福建各大拳种中的空白。"三十六宝传统拳术""佛祖棍法"也成为历届福建省武术非遗传承大会中必不可少的展示内容。

他的新作《莆田南少林武术桩功功法》，是传统武术桩功和中医穴位养生法的融合功法，在众多武术门派的"桩功"中独树一帜。书中全面地介绍了通过刺激人体经络穴位，结合呼吸吐纳，通养全身经脉、机体气血的练功方法。注重康养功效，有别于威武雄壮硬功，是可防身亦可健身的拳械功夫的基础。整套功法以形、神、意、气为练功要旨。

洪光荣老师出身中医世家，曾经被福建中医学院录取为中医学函授生。在训练生涯时常以自己在中医方面的积累解决运动员的伤损问题，在中医诊疗方面有独到的实践经验。他的武艺以莆田传统"三战为基"，武医结合，气为直养，形神兼具，变化万端。我认为他能横跨套路、散打、拳击、跆拳道、硬气功多项运动项目，而且为专业院校、专业队输送多名优秀选手，他的训练方法与传统功法相比有其特殊之处。现在他愿意将自己多年的传承与实践经验以专著方式公开，是可喜可贺之举。

我自知以见识与资历都不应为人著作作序言，但是经不住洪光荣老师两三嘱托，而且我也确实认为他是脚踏实地、卓有成绩的一线优秀教练员,他以宝贵的传承与亲身的体验,成功培育多名优秀选手之经历,《莆田南少林武术桩功功法》是值得武术工作者参考与借鉴的。此为序。

于集美学村

郑旭旭:集美大学体育学院原院长,中国武术九段,教授
　　　　福建武术协会第八届理事会副会长、法定代表人
　　　　国际A级武术散打裁判员

前 言

武术是中华民族优秀的文化遗产之一,是传统的军事项目和传统的健身养生方法和手段,被我国人民视为国宝。它历史悠久、源远流长、风格多样,南拳北腿、异曲同工、各焕异彩。莆田是南少林的故乡,武风盛行,历代共出了12位武状元,既有"文献名邦"之称,又享"武术之乡"的美誉。挖掘继承、推陈出新、古为今用是我们这一代人义不容辞的任务。北派拳师口头禅:"打拳不溜腿,到老冒失鬼。"南派拳师则讲:"学拳先练桩,无桩空心壳。"莆田南少林武术"桩功"在南少林功夫文化体系中隶属重要组成部分。它在众多武术门派的"桩功"中又与众不同,独树一帜,历代拳师视为秘笈,既重视又保密。流传至今的一句名言"学拳桩功三战起,一直练到死",足见前辈们对"桩功"的重视和推崇。

莆田南少林武术"桩功"练习方法有三个步骤:固步桩、活步桩、坐姿桩。整套功法呈现着中医传统文化和人体穴位保健功效的古老练功方法,本书以形、神、意、气为练功要旨,为改善、促进身心康养、肌体健硕、强筋健骨发挥积极的作用。我们牢记师训:"不神己术、不贬他法。莫舍己道,勿扰他心。"摒弃门户之见。其正所谓"一人一拳一世界,你练的是拳脚功夫,我修的是身心健康"。通过调心、调身、调息达到中医基础理论所述的"把气的作用归纳为推动、温煦、防御和固摄四大方面"。气血是人体"天人合一"的健身、养生之本。经过多年的勤学苦练，编著者悟出并将其功能归纳为三个阶段。第一阶段是：练（练就南派基本功）。第二阶段是：筑（筑储功夫技能法）。第三阶段是：养（养育人体精气神）。其独特的健体强身功法中暗含南少林武术攻防转换机锋峻峭之门道。真所谓："夯基固本强筋骨，根植南拳技战法"。持之以恒地练习有益于强肌、补气、活血、通络。

时值倡导健康中国、全民健身的今天，我们把行动固在诚砺，把本"秘笈"公之于众，供有兴趣或有需要者共享本功法的效能。

因为编著时间比较匆促，难免有不足之处，敬请方家多多谅解。

编著者

目录

南少林古传桩功，新时代扬帆传承 / 001

桩功 / 005

"三十六宝"传统拳术 / 049

白鹤拳 / 067

五行乩手 / 085

半撩拳和全撩拳 / 091

三战拳 / 115

佛祖棍法 / 129

青龙大刀 / 149

历史印迹 / 167

后记 / 197

钢铁是怎样炼成的

南少林古传桩功，新时代扬帆传承

千年名刹，只因一场变故，湮没了三百多年。烈焰烧毁了一整座寺院，却烧不尽南少林武学的精妙和武、医的神奇。由寺内武僧传至莆田大地上的武术文化，以及集武、医、禅合一的莆田南少林武术"桩功"绽放的奇葩，经几代人不懈地传承，至今还在赓续发扬光大。

莆田南少林武术"桩功秘笈"在国内革命战争时期，莆仙的共产党及红色革命队伍十分重视南少林武术"桩功"康养疗法在那缺医少药时期的作用。在莆田仙游县麦斜岩成立的红军一零八团和在澳柄宫成立的二零七团中战斗负伤的指战员都把本"桩功"作为当时困难时期辅助医疗和恢复体能练习的一种方法和手段。

优秀的文化总能绽放不凡的魄力，随着"健康中国"战略的提出，我们围绕任务和目标，有效释放"桩功"在健康领域中的功能和作用，赋能全民健身主旋律。本着求真务实的传承原则，把本功法首次面世。本功法民间传承至今已有六代了。传承谱系如下：

莆田南少林武术"桩功"传承谱系

代别	姓名	性别	出生年份	文化程度	传承方式	学艺时间
第一代	释和林	男	不详	不详	不详	不详
第二代	杨少奇	男	1880	私塾	师承	民国年间
第三代	兰少周	男	1898	大学	师承	民国年间
第四代	洪光荣	男	1952	大专	师承	1966年
	洪光华	男	1955	高中	师承	1966年
第五代	吴鹤	男	1982	大学本科	师承	1985年
	姚玉棋	男	1951	高中	师承	1978年
第六代	姚碧琼	女	1975	高中	师承	2012年

一、固步桩

1 双脚并步、松静站立，右脚右侧迈出一步，略宽于肩。双脚成马步下蹲（高低以本人感觉适中即可）。膝关节微屈不超过脚尖，小腹微收，腰、胯自然放松，双手握固微贴置左右体前侧，略沉肩垂肘，下腭内收，双眼平视正前方。舌抵上腭（搭鹊桥），自然呼吸。

【注】舌抵上腭（搭鹊桥）是为了接通任督二脉和增强唾液分泌（琼浆玉液），舌根处有两穴，左为金津穴，右为玉液穴。舌抵上腭时津液会迅速滋生，吞咽下能濡养、滋润内脏。

握固是将大拇指扣在左右手掌心，指尖位于无名指根部，其余四指弯曲，中医学理论提出"肝主握"。

2 握固的双拳往体内横线（向）摩运至肚脐处"神阙穴"，然后张开双手掌心向内挨着肚脐，按在"神阙穴"，双手五指并拢（手指就会自然地下压按在关元穴处）。以肚脐眼为圆心，先用左手的指腹和掌根，按逆时针方向按摩100次，再用右手按顺时针方向按摩100次，最后又用左手按逆时针方向按摩100次。这是健脾健胃的妙法。此法以逆时针方向为补，顺时针方向为泻。上面说的左一右一左的顺序为补法。

3 马步同时缓缓地连续微微下蹲，接着提踵又缓缓地升起（下蹲膝盖不能超过脚尖）。

【注】"神阙穴"位于肚脐窝正中，属于任脉。古人称其是"脐通五脏，真气往来之门"。与"命门穴"（在后背，位于第2和第3腰椎棘突间，位置正好与肚脐眼相对）遥遥相对，阴阳和合，是人体生命能源的所在地。古人又称其为"生门"。常按摩此穴可平衡阴阳、温暖身

体命脉。关元穴位于脐下四指处，是任脉的穴位，是人身阴阳元气交关之处。因又能大补元阳而得名。

4 接上势，踝关节、膝关节、髋关节，左右方向旋转。双掌同时摩运小腹部（下丹田）、胁部（章门穴、期门穴、大包穴）、（膻中穴）、（中府穴、云门穴）若干次。

【注】

（1）膻中穴位于人体前正中线上、两乳头中间，属任脉，是足太阴脾经、足少阴肾经、手太阳小肠经、手少阳三焦经与任脉的交会穴。也是气会穴以及心包经的募穴。

（2）双手掌摩运的力度要渗透到上述有关部位。

（3）大包穴在侧胸部，腋中线上，当第6肋间隙处。可止咳平喘，缓解全身神经痛。

（4）摩运以上穴位分别有任脉、肾经、胃经、脾经、肝经、胆经。五脏六腑之经络无不汇集于此。推摩可以有效疏通这些经络、清扫经络垃圾，达到疏肝理气、开胃健脾、补肾养心的目的。

（5）期门穴在胸部、当乳头直下、第6肋间、前正中线旁开4寸处（本书以下所述"寸"，均指采用指寸法的"寸"）。可理气活血、疏肝健脾。

（6）章门穴在侧腹部、当第11肋游离间端的下方。可理气散结，疏肝健脾。

5 双掌摩运移至身体左右侧，用掌根和"大鱼际穴"从腋下两肋顺势往体侧上下捋。至腹股沟处的"气冲穴""冲门穴"以及"曲骨穴"若干次。

【注】

（1）练习以上动作要马步位置不变，脚跟和脚掌要像摇摇椅一样有节奏地前后摇摆。这样可以有效地疏通、促进足三阴和足三阳经络的气血蠕动。

（2）气冲穴是足阳明胃经，位于小腹部、肚脐下5寸、前正中线旁开2寸。可理气、止痛、调经。

（3）冲门穴位于腹股沟外侧、距耻骨联合上缘3.5寸，当髂外动脉搏动处的外侧。

（4）曲骨穴位于腹部下耻骨联合上缘的凹陷处，属于任脉，是足厥阴肝经与任脉的交会穴。

6 双手掌沿着腰部分别反复左右横方向推摩"带脉穴"。然后沿着后背脊柱，手掌、手指朝下，从腰部"命门穴""八髎穴"上下绕圈推摩敲击若干次后，翻掌用双掌背面的"合谷穴"用力敲击"环跳穴"若干次。

【注】

（1）以上功法能够有效地锻炼到督脉和膀胱经，督脉是诸阳之会，是人体元气的通道。

（2）环跳穴属足少阳胆经穴。位于臀大肌、股骨大转子高点与骶管裂孔连线外1/3与内2/3交界处。可强筋壮腰，通经活络，祛风化湿。

（3）命门穴属督脉穴。位于背部第二腰椎棘突下缘，即肚脐正后方。可强腰壮阳、接续督脉气血。

（4）合谷穴亦称虎口穴，属手阳明大肠经。当拇指与食指伸开时，在第一、二掌骨中点，约平第二掌骨中点处。可疏风解表、理气止痛。中医著名的《四总穴歌》称其穴为："面口合谷收"。

（5）带脉穴位于侧腹部、章门下1.8寸。当第11肋骨游离端下方垂线与肚脐水平线的相交上即是。带脉横围腰中，像腰带一样，环束纵横的诸经脉。

（6）八髎穴位于膀胱经上，由上、次、中、下髎组成。在脊柱两侧下各四个，总共八个，所以叫八髎。八髎恰好在骨盆上，邻近胞宫。人体大部分生殖泌尿系统的脏器都在这个区域。在骶部、当髂后上、次、中、下棘突之间。经常敲击可调养人体周身的气血。

7 马步不变，身体上半身和脖、颈、头随着脊柱左转，左手掌搓揉右耳朵（耳门穴），右手握空心拳，用右手的合谷穴击打左腋下的极泉穴若干下。随后变换为脊柱右转，右手掌搓揉左耳朵（耳门穴），左手握空心拳，用左手的合谷穴击打右腋下的极泉穴若干下。

8 身体还原，成正面马步半蹲，双手大拇指按揉左右翳风穴。其余四指绕圈按揉左右太阳穴若干次。

9 接上势，左右食指分别按揉承浆穴，同时左右大拇指分别按揉廉泉穴划圈按揉若干下。

【注】

（1）极泉穴在腋窝顶点，腋动脉搏动处，是心脑血管保健穴。可宁神宽胸。

（2）耳门穴属手少阳三焦经穴。位于耳前、耳屏上切迹前，下颌骨髁状突后缘，张口可见的凹陷处。可通络开窍，耳聪泄热。

（3）翳风穴在耳垂后方、当乳突与下颌角之间的凹陷处。可散内泄热，聪耳通窍。

（4）太阳穴在颞区、当眉梢与目外眦之间，向后约1横指的凹陷处。可通经活络，祛风镇静。

（5）承浆穴在下嘴唇下方，下巴中央的浅沟正中凹陷处。适用于通经活络，生津敛液，唇紧、齿痛、流涎等。

（6）廉泉穴在颈部当前正中线上胸骨正窝中央。适用于化痰止咳、宣肺理气、咽喉肿痛等。

10 正面马步，双手掌微微张开，上下沿着风池穴、风府穴、脑户穴、强间穴按揉。双耳朵上下、左右搓揉若干下。

【注】

（1）风池穴在项部，当枕骨之下，与风府穴相平，胸锁乳突肌与斜方肌上端的凹陷处。属于足少阳胆经，是手少阳三焦经、足少阳胆经、阳维脉的交会穴。

（2）风府穴在项部，当后发际正中直上1寸，枕外隆凸直下，两侧斜方肌之间凹陷处。可清热解表，通经活络，镇静宁神等。

（3）脑户穴在头部，后发际正中直上2.5寸、风府穴上1.5寸，枕外隆凸的上缘凹陷处。可平肝息风，醒脑开窍等。

（4）强间穴在头部，当后发际正中直上4寸（脑户上1.5寸）。可平肝息风，醒脑宁心等。

11 正面马步不变，双掌变换成双手握固，左右体侧展开，略抬头、挺胸，夹脊穴，微收腹，拳背对着脊柱搓揉背后的腰俞穴、肾俞穴、肝俞穴、三焦俞穴。慢动作前后转动肘关节。脖、颈、头部伴随着节奏左右转动。如此动作若干次。

【注】

（1）夹脊穴位于背、腰部、当第1胸椎至第5腰椎棘突下两侧，后正中线旁开0.5寸，一侧17个穴位，左右两侧共34穴。可调养全身脏腑疾病。

（2）肾俞穴在腰部、当第2腰椎棘突下、旁开1.5寸。可强腰利水，益肾助阳。

（3）肝俞穴在背部、当第9胸椎棘突下、旁开1.5寸处。可清肝明目。

（4）三焦俞穴在腰部、当第1腰椎棘突下、旁开1.5寸处。调理脏腑找三焦俞。

（5）腰俞穴在骶部、当后正中线上，适对着骶管裂孔处。可散寒除湿，清热调经。腰脊强痛找腰俞。

【注】

（1）三焦（上、中、下焦）关系到饮食水谷受纳、消化吸收与输布排泄的全部气化过程，所以三焦是通行元气、运行水谷的通道，是人体脏腑生理功能的综合，为"五脏六腑之总司"。

（2）三焦通则脏腑通，打通了三焦气血也就形成了一个完整的回路。

二、活步桩

1 右脚往右侧上方外弧形滑出一步（兰少周，亦名兰钊，口传以此方法进马，称其为"桂麟上步法"）。这是莆田南少林武术先辈"五八先——杨少奇"独特的进马方法之一。而其退马时则是往内弧形收回马脚。

2 右手掌变换成鹤爪，往右斜前上方快速弹抖击打，并划弧圈收回，左手掌顺势放置右手肘关节少海穴位，如此连续弹抖击打三次。

3 接下来左手掌变换成鹤爪，往左斜前方快速弹抖击打，并划弧圈收回，右手掌顺势放置左肘关节少海穴位，如此连续弹抖击打三次。

4 还原至正面马步，双鹤爪同时从上腹部往胸前、往正前上方弹抖击打，并在左右体侧划弧圈收回。连续三次。同时收腹并深呼吸气，弹抖击打时尽量深呼出气。

5 右脚往右正前方弧形滑出"桂麟上步法"。同时骏身右横撞肘，接着以肘关节为轴、用右掌面往正前方向劈头盖脸地往下劈。紧接着往内旋轴，朝正前下方向鞭击打。

6 右脚往内弧形收回原位。左脚往左正前方弧形滑出"桂麟上步法"。同时骏身左横撞肘，接着以肘关节为轴、用左掌面往正前方向劈头盖脸地往下劈。紧接着往内旋轴，朝正前下方向鞭击打。

7 左脚往内弧形收回原位。成正面马步，双掌变换成握固，往左右体侧同时骏身横撞肘。同时龇牙咧嘴，狮嘴麒麟眼，并且从丹田往外吐气后深吸气。如此连续三次。

8 原地马步，右脚前掌往正前方蹬踩腿后落地，然后左脚前脚掌着地，右脚跟提踵，脚掌支撑点地，接着倒钩绷直前脚掌，紧接着左脚前掌往正前方下蹬踩腿，然后倒钩绷直前脚掌。如此连续交替三次。

【注】

（1）蹬踩腿锻炼到小腿肚的承山穴，在小腿肌肉的后面正中，当伸直小腿或足跟上提时，腓肠肌腹下出现尖角凹陷处，是下肢肌肉的保健穴。可缓和慢性腰痛。倒钩绷直前脚掌则锻炼到足背与小腿交界处的横纹中央凹陷处，是拇长伸肌腱与趾长伸肌腱之间的解溪穴。此穴可清热化湿、通经活络。

（2）解溪穴属足阳明胃经。在足背踝关节横纹中点，当拇长伸肌腱与趾长伸肌腱之间凹陷处。可清热化湿，通经活络。

9 照样原地马步，右脚往体侧方下侧踹腿，紧接着左脚往体侧方下侧踹腿。如此左右连续三次。

10 原地马步，以身柱为轴心，先沿着左侧方向360度转体，同时倒钩起右脚踝关节，然后倒钩起左脚踝关节。如此有节奏地转动一圈后，反方向以同样的动作，转动一圈后回到正面前方。左右360度倒钩起脚转圈的同时，双手掌握固随着节奏地敲打双腿两侧的"风市穴"。

【注】风市穴在大腿外侧部的中线上，当腘横纹上7寸，或直立垂手时，中指尖处。是中风不遂的保健穴。

11 原地马步左提膝，同时双手掌往头顶上合谷穴展翅相碰撞，然后徐徐回落，似鸟展翅飞翔。接着右提膝，同时双手掌往头顶上合谷穴展翅相碰撞，再徐徐回落。如此有节奏地左右连续各三次。

12 原地提左膝，用握固的双掌分别敲击左腿的梁丘穴和血海穴。接着变换成提右膝，也是用握固的双掌分别敲击右腿的梁丘穴和血海穴。如此有节奏地左右连续各三次。

【注】
（1）梁丘穴是足阳明胃经上的重要穴道之一。在大腿内侧前面髂前上棘与髌底外侧端的连线上，髌底上2寸处。对一般的胃肠病、胃痉挛有一定的保健作用。
（2）血海穴属足太阴脾经穴，在人体大腿内侧髌骨上缘直上2寸处。可健脾利湿、调经摄血。

三、坐姿桩

1 身体端坐方凳上，目视正前方。双手掌张开分别从双腿髋关节往大腿内侧、膝关节、膝盖髌骨处，往返摩运若干次。

2 双手掌沿着大腿内侧徐缓摩运至大腿根部的气冲穴、冲门穴，往返摩运若干次。

3 双手掌沿着大腿内侧徐缓摩运至大腿部的箕门穴，往返摩运若干次。

4 右大腿内弯曲、盘架在左大腿上，双手掌抱住右踝关节，双手大拇指按揉右腿的太冲穴、行间穴、太白穴、照海穴、太溪穴、三阴交穴、丰隆穴、地机穴、公孙穴，各穴按揉若干次。

【注】

（1）太冲穴位于大脚趾和第二脚趾之间的缝隙向上1.5厘米的凹陷处，是肝经的原穴。具有疏肝理气、活血、通调三焦的功效。丰隆穴位于外踝尖上8寸，胫骨前缘外2横指处。主要功能是降脂祛痰。太溪穴位于足内侧内踝后方，内踝尖与跟腱之间凹陷处，对支气管哮喘，降低血压有一定帮助。三阴交穴位于小腿内侧、内踝尖上3寸处，胫骨内侧缘后方，是脾、肝、肾三条经络的相交会穴位，功效很多，有很好的保健作用。太白穴位于足内侧缘，足大趾本节（第1跖趾关节）后下方赤白肉际凹陷处，是脾经原穴，对脾经有保健作用。

（2）箕门穴位于大腿内侧，正坐绷腿，有一鱼状肌肉隆起，其鱼尾凹陷处即是。适用于通利下焦、健脾祛湿、腹股沟肿痛。

（3）公孙穴位于足内侧缘，当第1跖骨基底部的前下方处。可调理冲任两脉，健脾和胃，适用于腹痛等消化系统。

5 体位不变，接上式，左掌大拇指按揉右踝照海穴，其余四指按揉解溪穴若干下，同时右掌大拇指按揉右腿内侧阴陵泉穴，其余四指按揉外侧的足三里穴若干下。

【注】

（1）阴陵泉穴位于膝关节内侧，当胫骨内侧踝后下方凹陷处。可健脾理气、温热消炎，适用于下肢麻痹、膝痛等。

（2）地机穴位于小腿内侧，当内踝尖与阴陵泉的连线下3寸处。可健脾渗湿，适用于胃痉挛、腹痛、泄泻等。

（3）足三里穴位于小腿前外侧，当犊鼻下3寸，距胫骨前缘1横指（中指）。可通经活络，健脾和胃，疏风祛湿，适用于下肢痹痛、水肿等，是养生长寿延缓衰老的穴位之一。

（4）行间穴位于足背部，当第1、2趾间连接处的缝纹头处。可活络息风，凉血安神，清肝泻热，适用于目赤肿痛、下肢内侧痛、足跗肿痛等。

（5）照海穴位于足内踝尖下方凹陷处。可滋阴清热，适用于咽喉干燥、目赤肿痛、脚气等。

（6）涌泉穴位于足底部，卷足，足底部最凹陷处即是。常用的急救穴，可平肝息风、苏厥开窍、滋阴益肾等。

6　坐姿不变，接下来变换成左腿内弯曲、盘架在右大腿上，双手掌抱住左踝关节，双手大拇指按揉左腿的太冲穴、行间穴、太白穴、照海穴、太溪穴、三阴交穴、丰隆穴、地机穴各穴若干次。（此动作和右腿内弯曲相同，只是左、右姿势变换盘架腿练习而已）

7　双脚自然还原落地（两脚距离适中），端坐在凳子上，目视正前方，双掌心相叠（男左掌在下、女右掌在下）。略抬肘，沿着头顶上的百会穴画圆圈，左右各若干次。

8　接上式，双掌心横向移到印堂穴，掌根和小指就会自然顺势地覆盖上眼眶的攒竹穴、睛明穴，也画圆圈按揉左右各若干次。

9　接上式，双手食、中、无名指按揉左右胫脖处，画圆圈按揉左右各若干次。

10 右手大拇指按揉左缺盆穴，其余四个手指按揉左肩井穴若干次。然后变换成左手大拇指按揉右缺盆穴，其余四个手指按揉右肩井穴若干次。

11 左、右手掌根交替按揉天突穴若干次。

【注】

（1）百会穴位于头部，当前发际正中上5寸，或两耳尖连线中点处。可醒脑宁心，息风止痉。适用于头痛、眩晕、惊悸、耳鸣、鼻塞等。

（2）缺盆穴位于锁骨窝中央，距前正中线4寸。可开胸顺气、宽胸利膈，适用于防治咳嗽、气喘、咽喉肿痛。

（3）印堂穴位于人体前额、两眉头间连线与前正中线交点。可通鼻开窍、清脑明目。适用于头痛、头晕、鼻炎、目赤肿痛、三叉神经痛。

（4）天突穴位于颈部正中线上，胸骨上窝中央处。可化痰止咳、宣肺理气，适用于咽喉肿痛、舌下急、噎嗝、胸中气逆。

（5）太溪穴位于足内侧、内踝后方，从足内踝向其推至足跟腱之间的凹陷处。可通经活络、补肾壮阳，适用于腰脊痛、下肢厥冷、内踝肿痛等。

（6）睛明穴位于面部、在目内眦角稍上方凹陷处。可通络祛风、泻热明目，适用于目赤肿痛、视物不明，是眼睛的保健穴。

（7）肩井穴位于肩膀肌肉凹陷处（肩膀中央），即大椎穴与肩峰穴连线的中点。可通经活络、消肿祛风，对肩背疼痛、手臂麻木不举、落枕、颈项疼痛有保健作用。

12 返原站立（和起势一样）。双手掌张开，左右手掌相互握抱住手臂上的桡、尺骨，屈肘往头顶上举，然后下落至胸前的上腹部。

同时大拇指按揉前臂的孔最穴、列缺穴，其余四指按揉外关穴。左右手臂轮换若干次。

【注】

（1）孔最穴位于前臂掌面肘横纹中，肱二头肌腱桡侧凹陷处。可缓解支气管痉挛，减轻哮喘发作。

（2）外关穴位于腕背横纹上2寸，尺桡骨中间，与内关穴相对的地方。具有解表祛风、活络止痛的作用。对急性腰扭伤、关节炎有奇效。可充实三焦的元阳之气。

（3）列缺穴位于桡骨茎突上方，腕横纹上1.5寸。取穴时两手虎口交叉，食指尖所到凹陷处即是。对偏头疼、落枕有奇效。中医的"四总穴歌"，其中有一句为"头项寻列缺"。

13 原地不变，双手掌大拇指沿着手腕从手腕内的神门穴、大陵穴、太渊穴挠圆圈摩运，双手掌的大、小鱼际穴就会顺势自然地摩运手背上的液门穴、中诸穴、后溪穴。

【注】

（1）大陵穴位于手腕掌横纹的中心点处，当掌长肌腱与桡侧腕屈肌腱之间。可通络活血、宁心安神，是心脏保健的要穴。

（2）神门穴位于腕部，腕掌侧横纹尺侧端，尺侧腕屈肌腱的桡侧凹陷处。可通经活络、安神养心，适用于胸肋痛。

（3）太渊穴位于腕掌侧横纹桡侧，桡动脉搏动处。可通调血脉、止咳祛痰，适用于咽喉肿痛、心动过速、气喘等。

（4）液门穴位于手背部，当第4、5指间，指蹼缘后方赤白肉际处。可通经活络、通利二便、清热醒脑等。

（5）中诸穴位于手背部，当掌指关节后方第4、5掌骨间凹陷处。

可开窍益聪，通络清热，适用于肩背肘臂酸痛、咽喉肿痛等。

（6）后溪穴，把手握成拳，在第5指关节后的远侧掌横纹头赤白肉际处。对颈椎、腰椎有不错的效果。

14　原地不变，左右交替地转动髋关节，带动左右扭脖颈、转头。同时张开双臂左右、前后十字形上下飞翔6次。

15　收右脚，返原站立，双掌徐徐放在左右体侧。

16　收势。

功法演练

福建省非物质文化遗产保护项目《南少林武术（莆田）》代表性传承人

洪光荣　示范

图1　起势
双脚并步，松静站立，目注正前方

图2　右脚向右侧迈出，双手握固微贴置左右体侧，舌抵上腭（搭鹊桥）

图3　张开双手，掌心向内按在肚脐处的"神阙穴"

图4.1　以肚脐眼为圆心用指腹和掌根逆时针方向按摩若干次

图 4.2

图 5.1　接上式顺时针方向按摩若干次

图 5.2

图 6　接上式逆时针方向按摩若干次

图 7　双掌重叠摩运小腹部
　　　（下丹田穴）

图 8　双掌摩运肋部"大包穴"

图 9.1　双掌摩运"期门穴"和
　　　　"章门穴"

图 9.2

图 10　双掌摩运"云门穴"和"中府穴"

图 11.1　双掌摩运"膻中穴"

图 11.2

图 12　双掌摩运"天突穴"

图 13　左手握固，右手弹拨左"极泉穴"

图 14　右手按揉左"缺盆穴"

图 15　右手握固，左手弹拨右"极泉穴"

图 16　左手按揉右"缺盆穴"

图 17　双手食指按摩"承浆穴"

图 18　双手食指按摩"人中穴"　　图 19　双手大拇指按揉"廉泉穴"

图 20　双手大拇指按揉"翳风穴"，食指、中指按揉"太阳穴"

图 21　双掌重叠划圆按揉"百会穴"

图 22　双手大拇指和食指搓揉"双耳垂叶"

图 23　双手食指划圆搓揉"双耳门穴"

图 24　张开双掌划圆搓揉"双耳朵"

图 25　双手食指、中指按揉"风府穴"

图 26　双手食指、中指按揉"脑户穴"

图 27　双手食指、中指按揉"强间穴"

图 28　双拳背搓揉背后"腰俞穴"

图 29　双拳背搓揉背后"肾俞穴"

图 30　双拳背搓揉"肝俞穴"

图 31　双拳背搓揉"三焦俞穴"

图 32　双掌根横搓"带脉穴"　　　图 33　双掌根敲击"环跳穴"

图 34　双掌敲击"曲骨穴"　　　图 35　双掌敲击"气冲穴"

图 36　双掌敲击"冲门穴"　　图 37　右手按揉左"内关穴"

图 38　右手按揉左"外关穴"　　图 39　右手按揉左"尺泽穴"

图 40　右手按揉左"少海穴"　　图 41　右手按揉左"劳宫穴"

图 42　右手按揉左"后溪穴"　　图 43　右手按揉左"液门穴"

图 44　右手按揉左"神门穴"　　图 45　右手按揉左"大陵穴"

图 46　右手按揉左"太渊穴"　　图 47　左手按揉右"内关穴"

图 48　左手按揉右"外关穴"　　　图 49　左手按揉右"尺泽穴"

图 50　左手按揉右"少海穴"　　　图 51　左手按揉右"合谷穴"

图 52　左手按揉右"劳宫穴"　　　图 53　左手按揉右"液门穴"

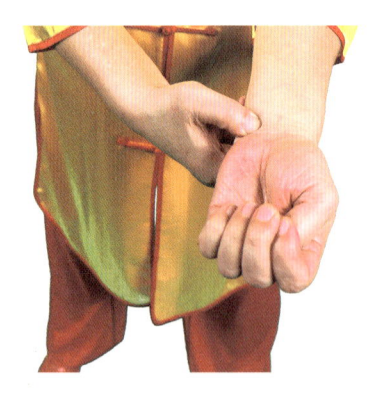

图 54　右手按揉左"神门穴"　　　图 55　右手按揉左"大陵穴"

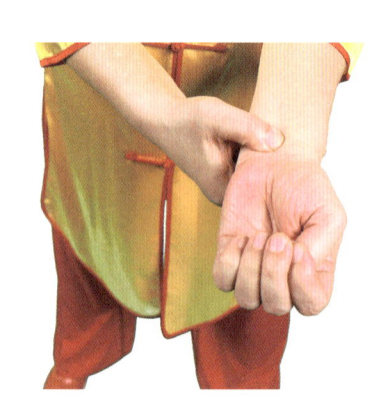

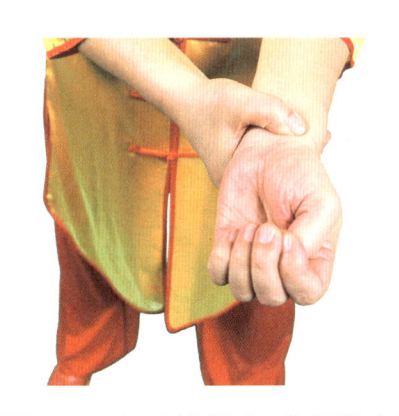

图 56　右手按揉左"太渊穴"　　　图 57　左手按揉右"神门穴"

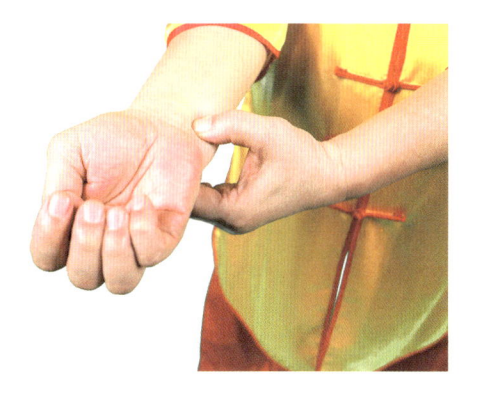

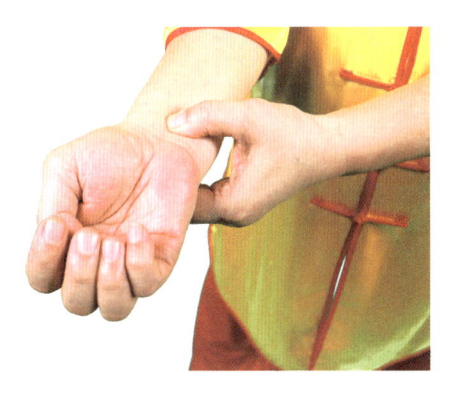

图 58　左手按揉右"大陵穴"　　　图 59　左手按揉右"太渊穴"

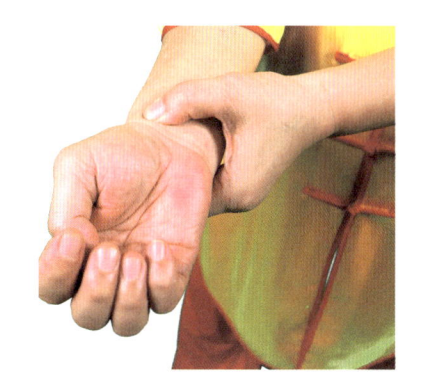

图 60　右手"鹤爪弹抖" 　　　　图 61　左手"鹤爪弹抖"

图 62　右"横撞肘" 　　　　　　图 63　右"上鞭锤"

图64 右"下鞭锤"

图65 左"横撞肘"

图66 左"上鞭拳"

图67 左"下鞭拳"

图68 左右"横撞肘"

图69 左脚掌"倒钩绷直前脚掌"

图70 左脚掌绷直"解溪穴"

图71 右脚掌"倒钩绷直前脚掌"

图72 右脚掌绷直"解溪穴"

图73 双拳拍击右腿"血海穴""梁丘穴"

图74 双拳拍击左腿"血海穴""梁丘穴"

图 75　右脚掌叩击左小腿肚的"承山穴"

图 76　左脚掌叩击右小腿肚的"承山穴"

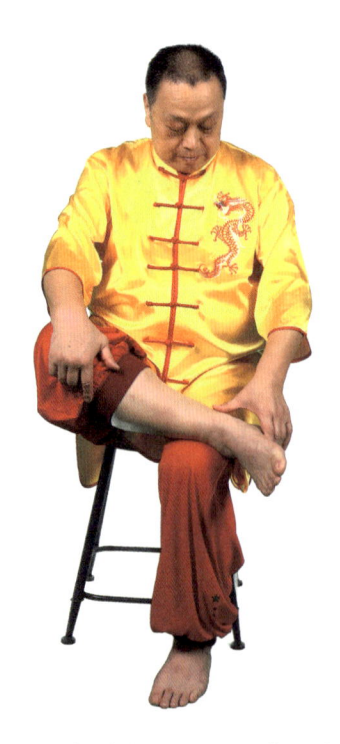

图 77　坐姿按揉右脚"照海穴"

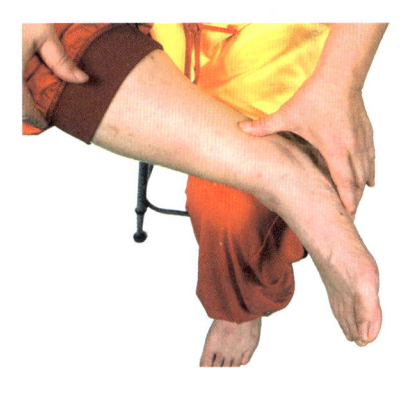

图 78　坐姿按揉右脚"三阴交穴"

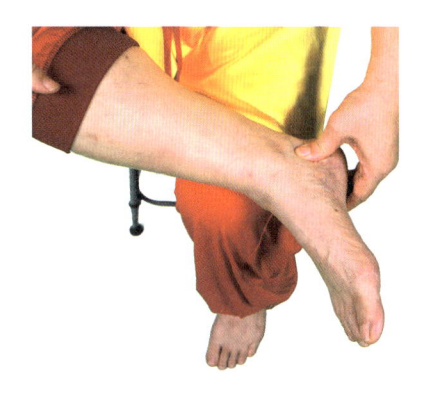

图 79　坐姿按揉右脚"太溪穴"

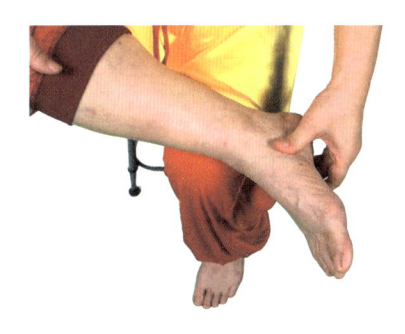

图 80　坐姿按揉右脚"太白穴"

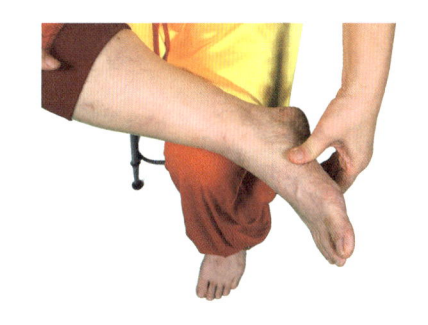

图 81　坐姿按揉右脚"然谷穴"

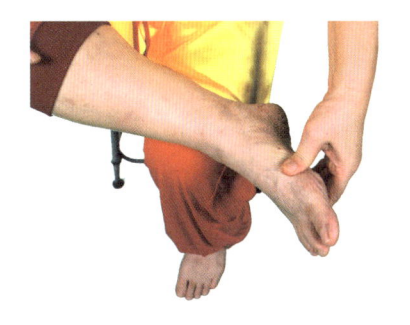

图 82　坐姿按揉右脚"公孙穴"

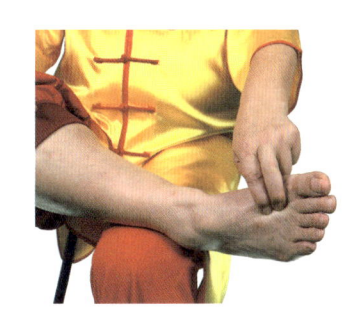

图 83　坐姿按揉右脚"太冲穴"

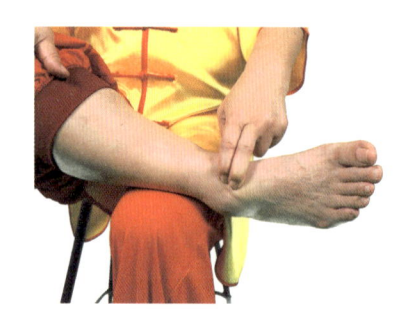

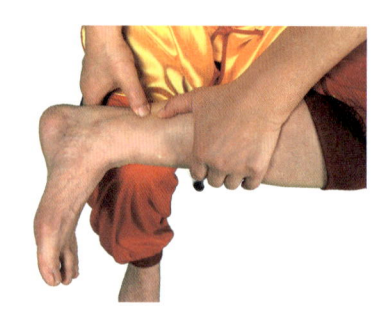

图 84　坐姿按揉右脚"解溪穴"　　　　图 85　坐姿按揉左脚"三阴交穴"

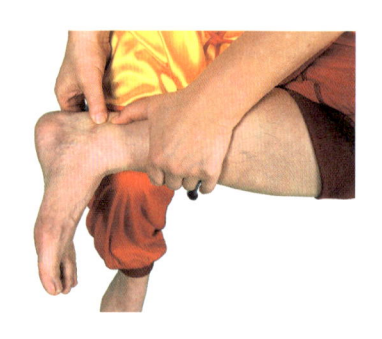

图 86　坐姿按揉左脚"太溪穴"　　　　图 87　坐姿按揉左脚"太白穴"

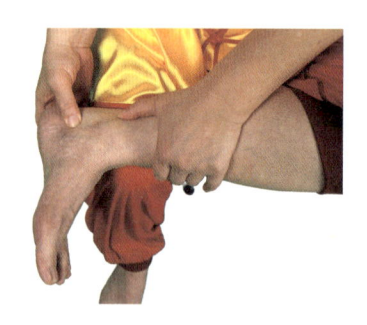

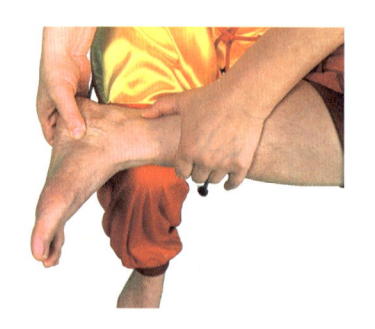

图 88　坐姿按揉左脚"然谷穴"　　　　图 89　坐姿按揉左脚"涌泉穴"

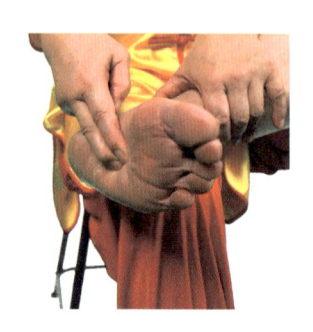

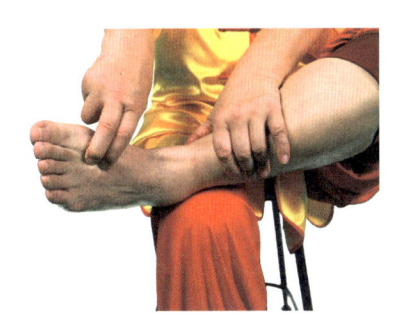

图 90　坐姿按揉左脚"太冲穴"

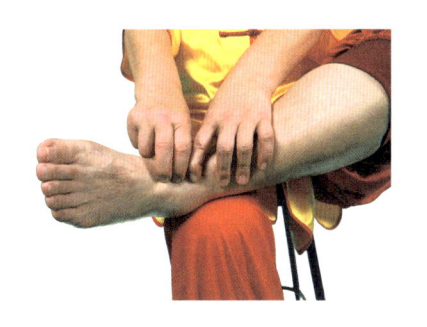

图 91　坐姿按揉右脚"解溪穴"

图 92　坐姿按揉右脚"涌泉穴"

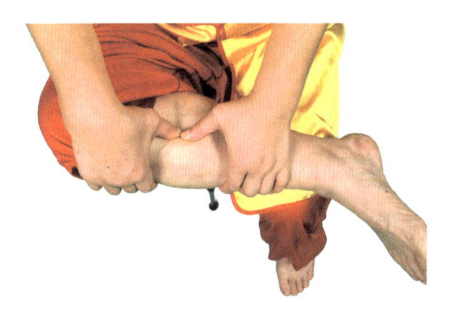

图 93　坐姿按揉右脚"阴陵泉穴"

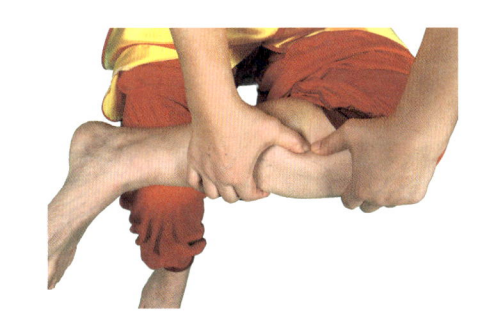

图 94　坐姿按揉左脚"阴陵泉穴"

图 95　右手按揉左"肩井穴"　　图 96　左手按揉右"肩井穴"

图 97　左手按揉右手"后溪穴"　　图 98　右手按揉左手"后溪穴"

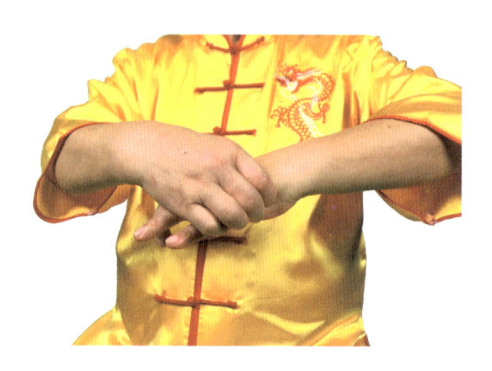

图 99　自然站立，双手左右体侧平展开

图 100　双手前后，左侧展翅

图 101　双手前后，右侧展翅

图 102　左右叠掌　　　　　　　图 103　左右展翅

图 104　双翅回落

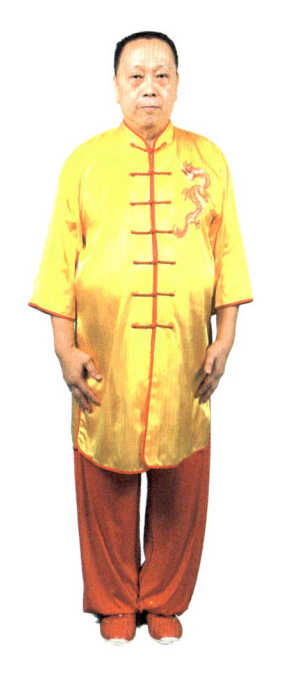

图 105　叩齿　　　　　　　　　图 106　立正收势

武武

「三十六宝」传统拳术

一、概况

　　三十六宝传统拳术是莆田南少林武术代表性拳种。它攻防兼备，下盘稳、中盘实、上盘灵活有度；四面行拳，有刚猛之势，轻巧之功；技法全面、转守为攻于瞬息之间。它的拳、掌、爪圆活自如，善于以力就力，以轻御重，巧用颤劲聚于一弹一抖之间，于跌宕起伏中峰回路转。套路遵循人体机理，充分发挥各项生理功能，集中体现了莆田南少林武术典型的特点，堪称莆田南少林武术中富有代表性的拳种。福建省非遗代表性传承人洪光荣采用此套路，多次在国内、国外武术展演、比赛大会上获金奖。1980年中国武术访日代表团，运动员洪光荣采用"莆田三十六宝传统拳术"和泉州黄清江"五祖拳"对练。俩人均荣获"金杯"奖励。其徒弟姚玉棋、王清渊、姚碧琼采用本套路多次荣获全国、全省武术观摩交流比赛金奖。

二、功法要领

　　（1）狮嘴麒麟眼，虚颌顶盖。演练时要顺着每招式，微收下颌，双眼炯炯有神，微瞪目标处，同时意念头顶的百会穴。

　　（2）注重形、气、神的兼修。师传口诀为：形不正则气不顺，气不顺则意不宁，意不宁则神散乱，形乃神之宅，神为形之主。张景岳说："形者神之体，神者形之用。无神则形不可活，无形则神无以生……故欲养神者，不可不谨养其形"。这些经典之语都充分诠释了内练和外练的相互关系。

　　（3）击打发力"其根在脚，发于腿，主宰于腰，形于拳"，上下肢之间和腰、腿，必须高度协调和快速反应，常言道"快打慢"。

三、健身要领

（1）演练时要求"狮嘴麒麟眼"。狮为猛兽、寓意此拳凶狠，麒麟是吉祥的象征。要微收下颌，虚领顶盖，意念头顶百会穴，同时微瞪双眼、目光直视目标，这时颈动脉就会自然扩张，促进血液在大脑和颈部的内循环。

（2）演练时要求"舌抵上腭"，即舌头轻轻抵住上腭部位，俗称"搭鹊桥"。这是沟通任督二脉的桥梁，由于唾出于肾，所以古代养生家多主张舌抵上腭，以刺激舌根处左金津、右玉液二个穴，使唾液缓缓分泌而出，所以唾液又可直接称为金津玉液。它功用是滋润口腔，帮助消化，补益肾精。待口中津满后咽下。吞津有两个养生补益之处：一为津液出于肾精，还补肾精，二是可以促进心肾相交，水火相济。中医学认为：督脉循背，总督周身阳脉，为阳脉之海；任脉沿腹，总任一身阴脉，为阴脉之海；舌抵上腭即可沟通任督二脉，使全身经络，上下之气更加通畅。气为血之帅，血为气之母，气不虚了，血液运行也就更通畅了。现代医学研究证明：唾液内含有球蛋白、黏蛋白、氨基酸、溶菌酶、碱性离子、免疫球蛋白和各种微量元素，唾液有助改善糖代谢，维持血糖稳定的作用。含而咽之，能助消化，润五脏，补虚劳，壮体魄，增强抵抗力。拳谚曰："内练一口气，外练筋骨皮。"

四、莆田南少林三十六宝拳谱

① 采气贯顶
② 震山跨马
③ 双锤
④ 开门见山
⑤ 泰山压顶
⑥ 丹田试力
⑦ 将军挂印
⑧ 金蝉脱壳

⑨ 铁锤入石
⑩ 缠钩手
⑪ 单肢采柳
⑫ 双铁掌
⑬ 捆身
⑭ 铁扁担
⑮ 下山砍竹
⑯ 弓马弹珠
⑰ 穿心肘
⑱ 上鞭锤
⑲ 下鞭锤
⑳ 缠手倒乾坤
㉑ 拦腰斩
㉒ 拨云见日（右二、左二）
㉓ 麒麟张牙（右二、左二）
㉔ 半撩手（右一、左一）
㉕ 叼擒手
㉖ 退步牵马
㉗ 踢绣球
㉘ 打虎势
㉙ 狸猫洗脸
㉚ 金鸡啄米
㉛ 单掌献宝
㉜ 二龙取珠
㉝ 钟鼓齐鸣
㉞ 下海探宝
㉟ 连钩手
㊱ 五湖四海皆兄弟

2023年9月16日洪光荣在某部队传授三十六宝传统拳术

1979年洪光荣代表福建队员参加在广西南宁市举办的"全国武术观摩交流大会",表演"莆田三十六宝传统拳术"现场照片

1980年中国武术团访日运动员洪光荣荣获金杯一座

福建省非物质文化遗产保护项目《南少林武术（莆田）》代表性传承人

洪光荣　示范

（一）起势

（二）采气贯顶

（三）双锤

（四）开门见山

（五）泰山压顶 　　　　　　（六）将军挂印

（七）金蝉脱壳 　　　　　　（八）铁锤入石

（九）单肢采柳（左势）

（十）单肢采柳（右势）

（十一）双铁掌

（十二）捆身

（十三）铁扁担

（十四）下山砍竹

（十五）弓马弹珠

（十六）穿心肘

（十七）上鞭锤

（十八）下鞭锤

（十九）缠手倒乾坤（上）

缠手倒乾坤（下）

（二十）拦腰斩（上） 　　　　　　　拦腰斩（下）

（二十一）麒麟张牙　　　　　　　（二十二）麒麟张牙
（右势）　　　　　　　　　　　　（左势）

（二十三）半撩手（右势1）　　　　半撩手（右势2）

半撩手（右势3）　　　　（二十四）半撩手（左势1）

半撩手（左势2） 半撩手（左势3）

（二十五）拨云见日（右势） （二十六）拨云见日（左势）

（二十七）左打虎势

（二十八）右打虎势

（二十九）右踢绣球

（三十）左踢绣球

(三十一)狸猫洗脸(1)　　　　　　狸猫洗脸(2)

狸猫洗脸(3)

（三十二）金鸡啄米

（三十三）单掌献宝

（三十四）钟鼓齐鸣

(三十五)下海探宝　　(三十六)收势(1)

收势(2)

武

白鶴拳

莆田白鹤拳传承渊源及其强身要领

一、白鹤拳的创始人和传承演变

白鹤拳是我国南派拳系中的一朵奇葩,是著名的少林五拳之一(龙拳－练神、虎拳－练骨、豹拳－练力、蛇拳－练气、鹤拳－练精)。清康熙年间福建福宁州府北门外(现霞浦县)方七娘(原籍浙江丽水)所创。一种传说是:方七娘在白莲寺织布,见一白鹤飞宿房梁上,昂首振翅,方七娘以手中梭盒掷去,被白鹤展翅轻易地一弹抖而拂掉。另一种传说是:方七娘在溪边洗衣服,见一白鹤歇息在溪边,伸颈觅食,方七娘随手操起一小鹅卵石掷去,被白鹤展翅轻易地一弹抖而拂掉。两种传说虽然有别,但对白鹤展翅弹抖轻易一拂的方法是一致的。聪明的方七娘从中揣摩悟到了其中的弹抖劲道并模仿白鹤的灵巧、闪展之法,和白鹤的鸣声,把这些融入少林拳法之中,自创了举世闻名的白鹤拳。

方七娘(原籍浙江丽水),自幼跟随其父方种习练少林拳,后与其徒曾四(永春人)结为夫妻,定居永春,故后人亦称此拳为"永春白鹤拳"。至今已有三百多年的历史,后又经历代武林前辈的传承和发扬,流传至今已演变为:飞鹤、鸣鹤、宿鹤、食鹤四个支派。并伴随着侨胞足迹传播到了东南亚和英国。国内的福州、福清、连江、宁德以鸣鹤、食鹤、宿鹤相承较广。永春、莆田以白鹤、飞鹤较流行。

经传承至莆田萩芦人杨少奇,他受聘在城厢辰门兜郑家开馆教武(莆田市体育志记载),白鹤拳的套路结构,演练风格和练功方法已有较大的变化（即是现今的莆田白鹤拳）。因为白鹤拳的创始人是女人，劲力和体力比不上男人，更比不上人高马大的北方人。杨少奇在授徒期间，在原有白鹤拳套路的灵巧和敏锐基础上，独创融入了金、木、水、火、土相生相克的五行乱手。这对近身作战的听力、化力以及下盘的稳固、步法进退虚实和促进人体经络气血的畅通非常有效，又弥补了劲力和体力的不足。因为要以小打大需用巧劲，以巧制强，以柔克刚，以快打慢，并需精确击中敌方要害部位。从此开始，莆田的白鹤拳就自成一派，独树一帜，杨少奇传承兰钊（别名兰少周，1898—1992年），兰少周传承洪光荣，洪光荣传承吴鹤。主要拳术套路有三战、半撩、全撩、三十六宝拳、莆田白鹤拳、五雷拳。主要器械是佛祖棍法、护院单刀、青龙大刀。洪光荣采用莆田白鹤拳派系其中的代表性拳种"三十六宝拳"参加1975年在北京举行的第三届全运会荣获南拳第八名，1980年参加国家体委在山西省太原市举行的全国武术观摩大会荣获大会最高奖"优秀奖"，同年代表中国武术团出访日本，荣获金杯一座，1995年参加嵩山少林寺举办的"首届国际少林武术观摩大会"荣获大会最高奖"金奖"。1979年至1982年连续四年参加福建省武术观摩大会荣获"一等奖"。2008年中央电视台中文国际频道"走遍中国"栏目的编导梁钢和宁楠一行三人，不远万里来莆田采访并拍摄了"鹤影禅踪"的专题片，在国内外多次播放，盛受赞誉。

二、五行乱手技艺特点与强身健体

莆田白鹤拳源于永春方七娘，经杨少奇传承独创融入了金、木、水、火、土相生相克的五行乱手后，又自成一派，独树一帜。套路招式、风格和练功方法已与永春白鹤拳有着明显不同，其技艺特点如下：

五行乱手练功要领：需两人搭手练习。

上肢要求：稍节懂劲，中节为轴，根节沉稳。

下肢要求：（固定马）子午中正，五点睛落地，落地如生根。（活动马）身随马行，力出腰腿，圆裆松胯，虚实分明。

呼吸要求：呼吸是体内真气运行的动力，而真气又是血液运行的动力，练乱手时采用深长细匀的龟息法，可使膈肌的升降幅度增大，增强肺活量和促进肠胃蠕动。一般人的呼吸每分钟十五至二十次。经过五行乱手的有效练习后，每分钟可以呼吸四或六次，呼吸次数的减少，肺活动次数自然也减少，肺脏就有了充分休息的时间，练习过程的代谢活动也有效地改变了血液中氧和二氧化碳分压的比例，深长、细匀的呼气和吸气可以降低人体基础代谢率和器官耗氧量，久而久之有助于提高体质。所以五行乱手的练习注重听力、化力的同时也把人体内在的真气调动起来，并且强调"调气为元帅，手足为兵丁"，拳经云"心与意合，意与气合，气与力合"也是此理。

五行乱手独特的练功方法和注重直接强刺激人体的四肢手腕、踝关节附近的八脉交会穴，这样不但可以练出攻防招式中的听力、化力，更是对强身健体起到了不可估量的补充作用。因为这八个穴位是奇经八脉与十二正经经气交会相通的穴位。经常进行五行乱手的练习，可以更有效地调整人体气血，行气补里，不仅可以内病内治，而且可以使人血气充沛，祛病延年。

五行乱手变换要领：运用五行学说相生、相克的原理，俩人经常性地进行乱手练习，久而久之便能从中悟出攻与防之间的联系与变化以及粘黏、连随，听力与化力，进退虚实的身法步法变换，能有效地增强天地骨的骨质密度、硬度，并会提高灵巧性和应变能力以及中、近距离实战的弹、抖、撞劲道。

三、套路演练要领

头项要旨：天庭要方正，地颚需微收。虚灵加顶劲，含胸兼拔背，耳听八方音，眼神射四海，狮嘴麒麟眼。

上臂要旨：内节硬如钢，外节软如棉。上节要沉肩，中节需吞坠，尾节虎尾巴。井井朝着天，聚气待弹发。

下肢要旨：起腿三分虚，出腿不过胸。五点金落地，落地要生根。圆裆还松胯，屈膝才坐腿。

腰马要旨：子午线中正，灵活又自如，吞嗓并吊裆，紧夹尾闾穴。意守丹田处，劲力从脚起，蓄于身腰处，发于臂手梢。身随腰马行，手顺腰马变。

招式敏捷清晰：低腿中马桩，步稳气势烈，手法灵活多变，上下相随，内外合一，沉肩坠肘，气沉丹田，以气催力，演练时以形领气，注重形、气、神的兼修。师传口诀为：形不正则气不顺，气不顺则意不宁，意不宁则神散乱，形乃神之宅，神为形之主。肢体运动时，形显示于外，但意识、神韵、力道贯注于招式之中。

守五窍三关：道家视五窍为元气之贼，因此强调对眼、耳、鼻、口、意的修炼。练功时目不斜视而随手视，则魂在肝而不从眼漏（肝神为魂），鼻不闻香而呼吸在内，则魄在肺而不从鼻漏（肺神为魄）；口不开而默内守，则意在脾而不从口漏（脾神为意）；心不妄想，则神在心而不从想漏（心神为神）。守三关是守耳、目、口。耳听声则肾精动摇，目视色则心神驰越，口多言则肺气散乱。关闭耳、目、口三关，心神内敛，真气随意念运行，舌抵上腭，搭通上鹊桥，气化为津。口腔便产生清甜稀薄唾液，慢咽经任脉下行直达下丹田，称为："玉液还丹"。

四、功法与健身要领

1. 桩马要八虚

八虚是指八个部位要放松，这八个部位是两肘、两腋、两胯、两腘窝。因为八虚是一身之气所经过的八个最大关节处，既是邪气最容易停留的地方，也是气血最容易拥堵的地方，所以桩马要做到沉肩、坠肘、松胯、微弯膝，以便真气畅通无阻。八虚的有效习练，就是让气血充盈，畅通周身三百六十五节的同时对五脏也进行了调理。

2. 内练八会穴

八会穴是指脏、腑、气、血、筋、脉、骨、髓等精气所会聚的腧穴。八会穴与其所属的八种脏器组织的生理功能有着密切的关系，在健身养生方面对人体机能的疏通和补养有显著的作用。分别对应的是：五脏之会为章门穴属脾经募穴。六腑之会为中脘穴属胃经募穴。气会之会为膻中穴属心包经募穴。血会之会为膈俞穴属膀胱经穴。筋会之会为阳陵泉穴属胆经合穴。脉会之会为太渊穴属肺经输穴。骨会之会为大杼穴属膀胱经穴。髓会之会为绝骨（悬钟穴）属胆经穴。少林五拳之一的白鹤拳主要是练精，而八会穴是精气会聚的腧穴，所以常年练习莆田白鹤拳，自然而然地就会"练精化气，练气化神，练神还虚"和"积神生气，积气生精，炼精化气，炼气化神，精中生气，气中生神"。

3. 百会对会阴

百会穴与会阴穴为一直线，是人体精气神的通道，百会为阳接天气，会阴为阴收地气，二者互相依存，相对相应，统摄着真气在任、督二脉上的正常运行，维持体内阴阳气血的平衡，是人体生命活动的要害部位，也是人体长寿的要穴。师传口诀为：百会为天门，会阴为地户，天主动，地主静，所以天门要常开，地户要常闭。会阴穴是任、督、冲三条经脉的一个起始点，督脉主人一身之阳气，任脉主人一身之阴血，冲脉主人一身之性，会阴穴一打开，人体的百脉都动，会阴穴是人体任脉上的要穴，对疏通体内脉结，促进阴阳气血的交接与循环，对调节生理和生殖功能有独特的作用。所以练功时一定要让会阴穴有弹性且紧闭。百会穴是人体督脉上的要穴，和众经脉交会在头部，能调节大脑中枢神经系统和改善血管痉挛状态，加快血液循环，促进新陈代谢，提高免疫力。所以练功时一定要让百会穴中正，舌顶上腭，使散乱之气得以归元，以养脑营神。

4. 肩井对涌泉

人体有一口井，井底在涌泉穴，井口在肩井穴，肩井穴是人体第一强身穴，是足少阳胆经上的穴位，它和足厥阴肝经互为表里，肝胆两经能调理人的情绪，调节全身气血。涌泉穴是足少阴肾经的井穴，也是足少阴肾经的起始穴位，是培补元气，振奋人体正气，温补肾中阳气的穴位。肾主水，肝主火，中医术语"乙癸同源"，乙指的是肝，癸指的是肾，同源指的是肾精和肝的阴血是可以互化互用的，所以要肩井对涌泉，有利激活肾经的源头，从而使肾经的经气源源不断地涌出，让肝火和肾水相互转化和补益，这样可以达到活跃肾经内气，引导肾脏虚火及上身浊气下降。具有补肾、疏肝、明目、颐养五脏六腑的作用。

5. 取象比类格言

鹤常运转尾闾，故能贯通督脉，龟常昂首纳息，故能贯通任脉。

五、技击要领

后人发而先人至，刚在他力前，柔在他力后。守如处女，动似雄鹰。有桥断桥，无桥搭桥，以吞吐浮沉之法，刚柔相济之机，见力生力，见力卸力，见力借力，见力化力。审时度势，虚实相兼。脚进而手动，手动而脚进。脚进若手不动则无力，手动若脚不进则无势。无力不能伤敌，无势反被敌伤。

击打部位：以敌方的头面、耳、眼睛、咽喉、颈动脉为主要击打目标，并趁势寻机精确地击打以下几个要穴：

任脉的：膻中穴、中脘穴、神阙穴、关元穴、承浆穴。

督脉的：风府穴、大椎穴、长强穴、命门穴、身柱穴。

肺经的：中府穴、尺泽穴、列缺穴。

肝经的：曲泉穴、期门穴、章门穴。

胃经的：人迎穴、天枢穴、丰隆穴。

脾经的：血海穴、三阴交穴、大包穴。

心经的：极泉穴、神门穴、少海穴。

六、传承的意义和初心

博大精深的中华武术是我国传统文化的积淀和反映，它涉及宗教、军事、医疗、政治、文化、历史、民俗等诸多学科，但它更是把强身

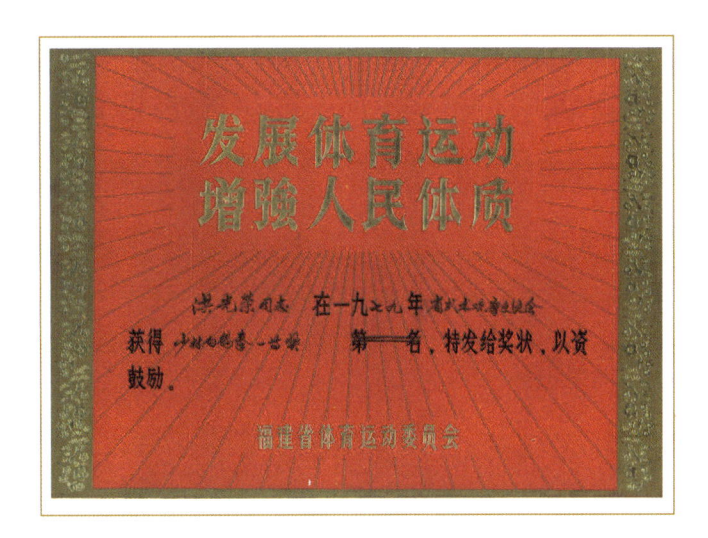

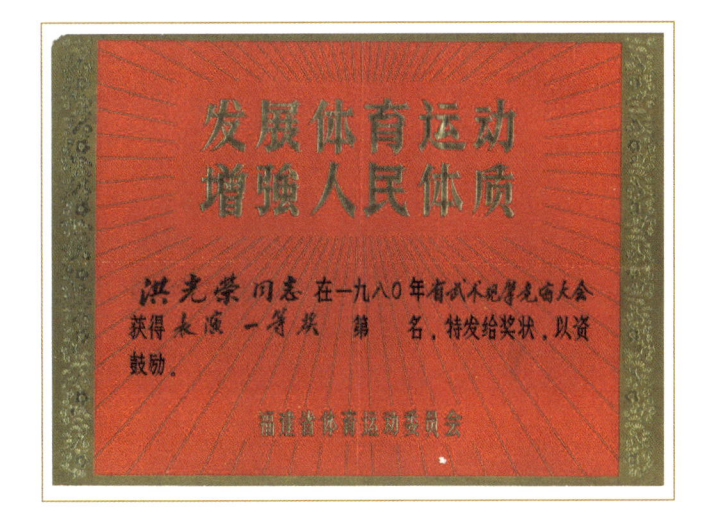

健体、修身养性与技击融为一体，武术从古至今的流传，既是实际创造过程，也是传承发扬过程。各派武技，琳琅满目，各放异彩，也分别融入了各地域、各民族的传统风俗、习惯、心理、生理、基因等诸多因素，各有千秋，各有玄机秘法。莆田白鹤拳亦是其中一秀。值此太平盛世，特把这仅在莆田市传承发扬的非物质文化遗产拳种鲜为人知的健身、防身、养生点滴体会奉献给世人。

福建省非物质文化遗产保护项目《南少林武术（莆田）》代表性传承人

洪光荣 示范

01 采气贯顶
要领：双手自然握拳意念百会穴

02 收鹤脚
要领：收左脚成马步，双掌交叉左右格挡

03 将军挂印
要领：左虚步，左掌右拳胸前相拥抱请拳

04 开门见山
要领：双拳经胸前交叉剪后置左右胁部，沉肩坠肘

05　再次右掌右侧弹击

06　左半马步左展翅
要领：左脚左侧上步，左掌左侧弹击

07　马步双展翅
要领：马步双掌前展弹

08
要领：双翅左右弹击

09　马步拳掌摩腹
要领：左掌右拳相抱沿腹部，从左至右摩腹，口吞津液

10　环桥后上撞肘
要领：双手前臂圈桥，右肘右侧后上

11　右震脚左横踩迎面骨
要领：原地右震脚，左脚底横踩腿

12　左丁步上架下扑翅
要领：右脚落地成左丁步，右手掌下切，左掌上架

13　左转身内拐肘
要领：左脚左转身，右肘内拐横击打

14　左上步扣脚横披翅
要领：左脚左上步，右掌右横切

15
要领：左冲拳

16
要领：右冲拳

17　右弹翅
要领：右手右侧弹翅

18　上步打虎式
要领：左脚落地成左横裆步，左拳上架右拳下砸

19　右撤步马步双撞肘
要领：右脚撤步成马步，双肘左右同时横撞击

20　右半马步鹤嘴啄珠
要领：右半马步右爪啄击

21 右转左鹤脚缠勾挂双披翅
要领：右转身左侧踹腿，右掌上，左掌下展翅

22 右上步右鹤脚勾挂双披翅
要领：左掌上，右掌下展翎

23 左转身右横肘左上下连环肘
要领：右脚落地左转身，同时右横撞肘

24
要领：左肘上撞击

25 左提膝双飞式
要领：左腿提膝，双手指下勾，左右平展翅

26 仙鹤歇栖
要领：左脚落地开站立，双掌同时徐缓下展落

27 开门见山
要领：双掌胸前交叉剪、沉肩坠射、目注前方

28 将军挂印
要领：左虚步左掌右拳相抱请拳

29
要领：收右脚，并步双掌下落

30　收势
要领：并步立正双手放松置双腿侧

和尚走

五行乱手

洪光荣　吴鹤　示范

吴鹤

洪光荣

01

02

03

04

吴鹤　　　　　　　　　　　　　　　　　　　　　　　　洪光荣

05　　　　　　　　　　　　　　　06

　　1989年，我们一家三人从永安体委回老家莆田探亲时，我的爷爷吴森赠送我一件珍藏一百多年的宝物——清朝时期的"乩"，并且语重心长地嘱咐我：杨少奇"五行乩手"独特的练功方法，就是根据"乩"的三角鼎力的原理，习武之人要领悟其中用力和化力的原理迅速应对瞬间劲道的变化。当时年幼，只似懂非懂，长大后终于明白其中要领，如"三十六宝传统拳"套路中的"麒麟张牙招式"和"全撩拳"套路中的"右脚后钩切扫，右手寸劲击打"、"五雷拳"套路中的"上步肩靠"招式就是典型运用"乩"的三角鼎力的力学原理，以巧制胜。

吴鹤

清朝至今的"乩"图1　　林国希拍照　　清朝至今的"乩"图2　　林国希拍照

清朝至今的"乩"图3　　林国希拍照

清朝至今的"乩"图4　　林国希拍照

原装"乩"图1　　王群拍照

原装"乩"图2　　王群拍照

原装"乩"图3　　王群拍照

武俠

半撩拳和全撩拳

一、概况

半撩拳、全撩拳和三战拳，这三个不同技艺特点的传统套路是莆田南少林武术"五八"流派入门的初级套路。民国时期，莆田萩芦镇林美乡杨少奇师傅在莆田县英龙街辰门兜龙坡社郑家开馆教徒期间，四十天时间为一馆，就是以这三套拳术为启蒙教习，另外兼教门徒们俩人搭手为对，进行"五行乩手"的听力化力，以力就力练习，作为其流派独特的辅助功法练习。经过四十天的基础习练，可领悟拳法、步法、力道的初级水平，为接下去更高水平的技艺练习打下坚实的基础。

二、半撩拳技艺特点

半撩拳是用手法为主的防守反击打法的套路，左右手长短之势接招，翻手为阳，覆手为阴，它是从对方出招的边门侧面格挡对方拳法攻击，同时紧接着顺势绞丝缠住对手进攻的招式后，利用反作用力，爪指快速弹抖击打对方的眼珠或颈动脉窦，以期一招制敌。

三、半撩拳拳谱

① 采气贯顶
② 震山跨马
③ 下双锤
④ 开门见山
⑤ 泰山压顶

⑥ 丹田试力
⑦ 将军挂印
⑧ 开门见山
⑨ 泰山压顶
⑩ 右上步半外弧步

⑪ 右长左短内圈桥

⑫ 右进身双弹抖手

⑬ 左上步半外弧步

⑭ 左长右短内圈桥

⑮ 左进身双弹抖手

⑯ 右上步半外弧步

⑰ 右长左短内圈桥

⑱ 右进身双弹抖手

⑲ 左转身

⑳ 左半马步

㉑ 左长右短内圈桥

㉒ 左进身双弹抖手

㉓ 右上步半外弧步

㉔ 右长左短内圈桥

㉕ 右进身双弹抖手

㉖ 左长右短内圈桥

㉗ 左进身双弹抖手

㉘ 右上步左转身

㉙ 右长左短内圈桥

㉚ 右进身双弹抖手

㉛ 左长右短内圈桥

㉜ 左进身双弹抖手

㉝ 右半弧步内收步

㉞ 开门见山

㉟ 泰山压顶

㊱ 丹田试力

㊲ 高虚步请拳

㊳ 收势

四、全撩拳技艺特点

全撩拳是硬打硬进的进攻型套路，拳仅10余式，看来简单无趣，演练起来却费力难成，内中包罗技击变幻，出人意料，独臂单挑掌，撩拨、擒而入，独具克敌制胜之奥妙。

它是在对方直面出拳的同时，快速反应出左手接招贴近对方，右脚疾速上步右手鹰爪式迅速从中门正面，长驱直入锁住对手咽喉，紧接瞬间，运用前臂尺骨、桡骨和肘的弹抖劲道合力迅速一击，在对方失重之初，右脚倒钩挂，同时右手掌转变为姜母拳，寸劲重击对方的膻中穴或者期门穴，以期一招制敌。

五、全撩拳拳谱

① 采气贯顶
② 震山跨马
③ 下双锤
④ 开门见山
⑤ 泰山压顶
⑥ 丹田试力
⑦ 将军挂帅
⑧ 开门见山
⑨ 泰山压顶
⑩ 左上步左擒爪
⑪ 右上步右撩手
⑫ 上半步右前臂进身弹击
⑬ 右上步左横裆步
⑭ 左手捋
⑮ 右脚后钩切扫
⑯ 右手寸劲击打
⑰ 左上步左擒爪
⑱ 右上步右撩手
⑲ 上半步右前臂进身弹击
⑳ 右上步左横裆步
㉑ 左手捋
㉒ 右脚后钩切扫
㉓ 右手寸劲击打
㉔ 右上步左转身
㉕ 左上步左擒爪
㉖ 右上步右撩手
㉗ 上半步右前臂进身弹击
㉘ 右上步左横裆步
㉙ 左手捋
㉚ 右脚后钩切扫
㉛ 右手寸劲击打
㉜ 左上步左擒爪
㉝ 右上步右撩手
㉞ 上半步右前臂进身弹击
㉟ 右上步左横裆步
㊱ 左手捋
㊲ 右脚后钩切扫
㊳ 右手寸劲击打
㊴ 右上步左转身
㊵ 左上步左擒爪
㊶ 右上步右撩手
㊷ 上半步右前臂进身弹击
㊸ 右上步左横裆步
㊹ 左手捋
㊺ 右脚后钩切扫
㊻ 右手寸劲击打
㊼ 右半弧步内收步
㊽ 开门见山
㊾ 泰山压顶
㊿ 丹田试力
(51) 高虚步请拳
(52) 收势

半撩拳图解

兰少周 传授 洪光荣 示范

图 1 起势
要领：双脚立正，双手置双腿侧，目注正前方

图 2 采气贯顶
要领：双手握拳置左右腰间，虚领顶盖，意守丹田

图 3 震山跨马
要领：右震脚右迈成马步

图 4 开门见山
要领：双掌胸前交叉剪，双拳胯下冲拳

图 5
要领：双臂左右格挡

图 6 泰山压顶
要领：双掌沿双侧下切，沉肩坠肘

图 7 丹田试力
要领：腹式呼气，同时双掌拍击丹田

图 8 将军挂印
要领：左虚步，左掌右拳相抱

图 9　开门见山
要领：双臂左右格挡，沉肩坠肘，含胸拔背

图 10　泰山压顶
要领：双掌沿双侧下切

图 11　右上步半外弧步
要领：右脚往外半弧形上步

图 12
要领：双爪下揪缠，右爪上，左爪下

图 13　右进身双弹抖手

要领：双爪内圈桥紧接双弹抖

图 14　左上步半外弧步

要领：左脚往外半弧形上步，左爪上，右爪下

图 15

要领：双爪揪缠

图 16　左进身双弹抖手

要领：双爪内圈桥紧接双弹抖

图 17 右上步半外弧步
要领：右脚往外半弧形上步，右爪上，左爪下

图 18
要领：双爪下揪缠

图 19 右进身双弹抖手
要领：双爪内圈桥紧接双弹抖

图 20
正面图　　　反面图
要领：左转身，左长右短桥

正面图　　　　反面图　　　　　　　　正面图　　　　反面图

图 21　　　　　　　　　　　　**图 22　左进身双弹抖**

要领：双爪下揪缠　　　　　　　　要领：双爪内圈桥紧接双弹抖

正面图　　　　反面图　　　　　　　　正面图　　　　反面图

图 23　右上步半外弧步　　　　**图 24**

要领：右脚往外半弧形上步，右爪上，　要领：双爪下揪缠
　　　左爪下

正面图　　　　　反面图　　　　　　　　　正面图　　　　　反面图

图 25　右进身双弹抖手　　　　　　　**图 26　左长右短内圈手**

要领：双爪内圈桥紧接双弹抖　　　　　要领：左脚上步，左手长右短桥

正面图　　　　　反面图　　　　　　　　　正面图　　　　　反面图

图 27　　　　　　　　　　　　　　　**图 28　左进身双弹抖手**

要领：双爪下揪缠

图 29　右上步左转身，左长右短内圈桥
要领：左转身右涉，左长右短桥

图 30　要领：双爪下揪缠

图 31　左进身双弹抖手
要领：左长右短手双弹抖

图 32　右半弧步内圈手
要领：右脚弧步，右手长左短桥

图 33
要领：双爪下揪缠

图 34　右进身双弹抖手

图 35　丹田试力
要领：收右脚，双掌拍击丹田

图 36　高虚步请拳
要领：左脚尖前点成高虚步，左掌右拳相抱

图 37 开门见山

要领：收左脚成马步，双掌交叉剪后置胸前

图 38 收势

要领：收右腿立正，双手置两胯边，吐气收功

全撩拳图解

洪光荣 示范

图 1 起势
要领：双脚立正，双手置双腿侧，目视正前方

图 2 采气贯顶
要领：双手握拳置左右腰间，虚领顶盖，意守丹田

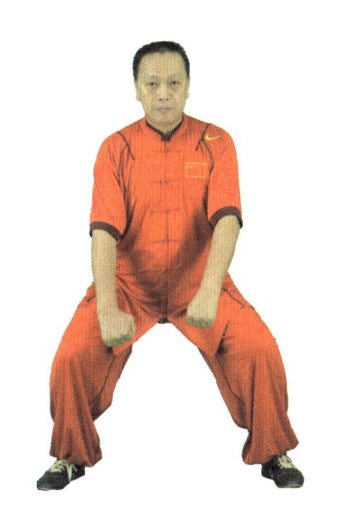

图 3 震山跨马
要领：右震脚右迈成马步，双拳下冲

图 4 开门见山
要领：双掌胸前交叉剪，双臂左右格挡，沉肩坠肘

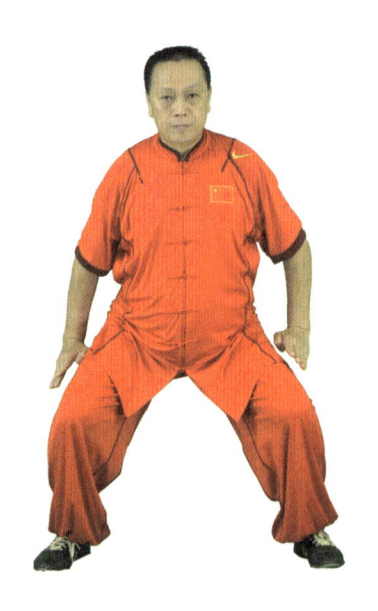

图 5 泰山压顶
要领：双掌沿双侧下切

图 6 丹田试力
要领：腹式呼气，同时双掌拍击丹田

图 7 将军挂印
要领：左虚步，左掌右拳相抱

图 8 开门见山
要领：双掌胸前交叉剪，沉肩坠肘，含胸拔背

图 9

要领：双臂左右格挡，沉肩坠肘，含胸拔背

图 10 泰山压顶

要领：双掌沿双侧下切

图 11 左上步左擒爪

要领：左脚上步，左掌成爪经胸前往外擒扣爪

图 12

要领：右掌抽回右腰间

图 13　右上步右撩手

要领：右脚上步，右掌正前方撩手，左掌紧随其后

图 14　上半步右前臂进身弹击

要领：右脚前上半步，左掌紧贴右臂同时发力弹击

图 15　右上步左横裆步左手抒

要领：左横裆步，左手抒爪

图 16　右脚后钩切扫，右手寸劲击打

要领：右脚后钩切，右手姜母拳击打

图 17　左上步左擒爪
要领：左脚上步，左掌成爪经胸前往外擒扣爪

图 18
要领：右掌抽回右腰间

图 19　右上步左横裆步左手捋
要领：右脚上步，右掌正前方撩手，左掌紧随其后

图 20　右脚后钩切扫，
　　　　右手寸劲击打
要领：右脚后钩切，右手姜母拳击打

图 21　右上步左转身

要领：左掌上挑右掌置右腰间

图 22　左上步左擒爪

要领：左脚上步，左掌成爪经胸前往外擒扣爪

图 23　右上步右撩手

要领：右上步，右掌正前方撩手，左掌紧随其后

图 24　右手寸劲击打

要领：右脚进半步，左掌紧，贴右臂同时发力弹击

图25　右脚后钩切扫右手寸劲击打
要领：左脚后钩切，右手姜，母拳击打

图26　右上步左转身
要领：右脚上步左转身

图27　右上步左横裆步左手捋
要领：右脚上步，右掌正前方撩手，左掌紧随其后

图28　右上步右撩手，
　　　　左掌紧随其后

图 29　右手寸劲击打
要领：左掌紧贴右臂同时发力弹击

图 30　右脚后钩切扫右手寸劲击打
要领：右脚后钩切，左手姜母奉击打

图 31　丹田试力
要领：腹式呼气，同时双掌拍击丹田

图 32　将军挂印
要领：左虚步，左掌右拳相抱

图 33　开门见山
要领：双掌胸前交叉剪，沉肩坠肘

图 34
要领：双臂左右格挡

图 35　收势
要领：双手徐缓下落，微张唇吐浊气

图 36
要领：双手自然收置左右侧，定神注目

中华武学

三战拳

一、概况

中国武术素有"南拳北腿"之称。所述的是：南派武术擅用拳（掌、爪、肘），而北派武术精于腿上功夫。并且各自都有其流派的基础套路，南方称拳母。

流传至今的莆田南少林武术拳母套路"三战拳"是杨少奇师傅在民国年间，受聘在当时的莆田县英龙街辰门兜龙坡社郑家开馆教徒（莆田市志记载）所授拳术，传承至今已有一百多年了。他所收学徒均是富豪人家子弟，而且都有文化，有据可查的是：郑梓明，兰钊（别名：兰少周），高灿星，高灿坤，涵江陈子宏。莆田民间把杨少奇传授的功夫统称为"五八教"拳械功夫。

兰少周师傅多次提起，他学艺期间，杨少奇师傅开馆授徒时经常谆谆教导："三战拳是筑基功夫，所有套路是练筋骨功夫，五行乱手是知己功夫，实战是知彼功夫"。简明扼要的四句话就概括了本门功夫的精华和要点。

二、三战拳技艺特点

三战拳南方谐音也有称为"三正"，或者"三箭"。过去莆田练南拳的都会讲"学拳三战起，三战练到死"。充分说明拳母"三战拳"是南拳习练者自始至终的必修课。其动作简单而且多重复，很枯燥，初学者一般一学就会，但又感觉不好练，很费功力。入门所学的马势和手势一招一式要求非常严格。师傅在传授三战拳套路的同时，还会兼传授本门的辅助练功技法"五行乱手"。它和三战拳相辅相成。具体练法是：甲、乙俩人各自用手腕对称地互相搭手（叫作"磨乱"）来进行中、近距离的左右、上下四隅边角的游磨，以此练法来领悟金、木、水、火、土五行在三战拳法中相生相克的原理。（"乩"是旧时民间一种祈问神明的三足鼎立形状的铁制器件。）故此莆田南少林三战拳的独特辅助练法名曰："五行乩手"。它能有效增强马步和腰腿的内劲，提高进退灵活度和上、下盘协调功力，练就上臂手腕的化力，手臂尺骨和桡骨的弹抖力，用肘攻击的进身力，肩靠、胯顶的撞弹力。熟练之后就自然地会以力化力，巧用南拳的短桥寸劲，抢占优势强攻对手。此独特的练法，尤其对增强上肢力量和胸、腹腔心肺功能的吐纳能力大有益处。初学三战拳套路时，师傅就会细心地讲解马步进退和转身格挡技法，培育拳脚兼顾的攻防意识。套路演练时要求"坐腕沉肘，圆裆夹马，吞嗓吊肚，狮嘴麒麟眼"。

初学时采用自然呼吸，待有一定基础后就循序渐进地改用腹式呼吸，通过招式动作和呼吸同步互动，以气催力，把呼吸、招式、意念、身心调整到最佳状态，达到形神共养的目的。内力隐藏在"百会、膻中、丹田、尾闾"四个要穴，称谓"子午归中"。它和北派武术套路"舒展大方，跳跃翻腾"最大的不同，是其要求"含胸拔背，沉肩坠肘，稳扎稳打，步步为营"。套路手腕动作中有拧旋转动手腕上的"神门穴（手少阴心经）、大陵穴（手厥阴心包经）、太渊穴（手太阴肺经）"三个要穴，以及坐腕连接心包经的劳宫穴和左右十个手指的十宣穴，紧接扣腕内旋摩运内关穴，这对激活心包经大有益处。套路中重复此招，还可练到增强腕部内劲和指爪擒拿的功效。

以气催力，运气达到胸腔上肺经的中府和云门穴，以及手三阴和手三阳六条经脉，练到凝心储气聚神、强身健体的效果。所以习练有素者胸肌较发达，心肺吐纳能力较强，上身肌肉较粗壮结实，整套动作刚劲有力，下盘稳固，招式以横力破直力，气催力刚，步稳身守，拳势猛烈，并常以发声吐气助长招式发力。整套演练需神形兼备，极富阳刚之美。练习所需场地较小，因此南拳素有"拳打卧牛之地"的说法。

三、三战拳谱

① 采气贯顶
② 震山跨马
③ 下双锤
④ 开门见山
⑤ 泰山压顶
⑥ 丹田试力
⑦ 将军挂印
⑧ 开门见山
⑨ 泰山压顶
⑩ 右上步半外弧步
⑪ 开门见山
⑫ 上半步双直锤
⑬ 双拳内旋腕
⑭ 坐腕虎爪
⑮ 狮嘴麒麟眼吞嗓吊肚收双拳
⑯ 左上步半外弧步
⑰ 开门见山
⑱ 上半步双直锤
⑲ 双拳内旋腕
⑳ 坐腕虎爪
㉑ 狮嘴麒麟眼吞嗓吊肚收双拳
㉒ 右上步半外弧步
㉓ 开门见山
㉔ 上半步双直锤
㉕ 双拳内旋腕
㉖ 坐腕虎爪
㉗ 狮嘴麒麟眼吞嗓吊肚收双拳
㉘ 左转身
㉙ 左上步半外弧步
㉚ 开门见山
㉛ 上半步双直锤
㉜ 双拳内旋腕
㉝ 坐腕虎爪
㉞ 狮嘴麒麟眼吞嗓吊肚收双拳
㉟ 右上步半外弧步
㊱ 开门见山
㊲ 上半步双直锤
㊳ 双拳内旋腕
㊴ 坐腕虎爪
㊵ 狮嘴麒麟眼吞嗓吊肚收双拳
㊶ 左上步半外弧步
㊷ 开门见山
㊸ 上半步双直锤
㊹ 双拳内旋腕
㊺ 坐腕虎爪
㊻ 狮嘴麒麟眼吞嗓吊肚收双拳
㊼ 右上步左转身
㊽ 开门见山
㊾ 上半步双直锤
㊿ 双拳内旋腕
51 坐腕虎爪
52 狮嘴麒麟眼吞嗓吊肚收双拳
53 右上步开门见山
54 上半步双直锤
55 双拳内旋腕
56 坐腕虎爪
57 狮嘴麒麟眼吞嗓吊肚收双拳
58 开门见山
59 泰山压顶
60 高虚步请拳收势

三战拳图解

兰少周 传授 洪光荣 示范

图 1 起势
要领：双脚立正，双手置双腿侧，目视正前方

图 2 采气贯顶
要领：双手握拳置左右腰间，虚领顶盖，意守丹田

图 3 震山跨马
要领：左脚左迈成马步，双拳胯下冲拳

图 4 开门见山
要领：双臂左右格挡，沉肩坠肘

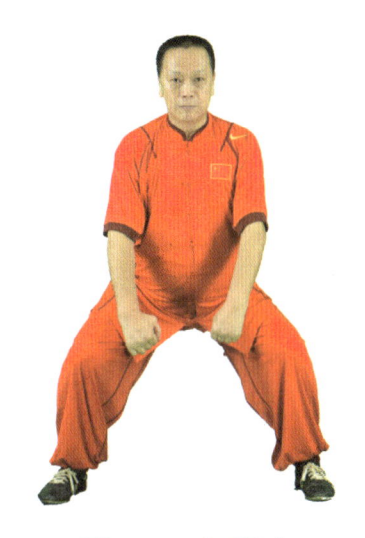

图 5　将军挂印
要领：左虚步，左拳右掌相抱请拳

图 6　开门见山
要领：右脚右侧迈步成马步，双掌胸前交叉剪

图 7
要领：双臂左右格挡，含胸拔背，沉肩坠肘

图 8　右上步半外弧步
要领：右脚外弧形上步

图 9
要领：双拳收置左右腰间

图 10　上半步双直锤
要领：右脚上半步，左脚跟进双拳前直冲拳

图 11　双拳内旋腕
要领：双手翻腕内旋沉肩坠肘

图 12　坐腕虎爪
要领：双拳变换成双爪坐腕吞嗓吊肚，狮嘴麒麟眼

图 13　右上步半外弧步
要领：右脚外弧形上步，双拳交叉紧收置胸前

图 14　开门见山
要领：左脚外弧形上步，双掌左右格挡，沉肩坠肘

图 15
要领：双臂左右格挡，沉肩坠肘

图 16　左上步双直锤
要领：左脚外弧形上步，双拳前直冲拳

图 17　坐腕虎爪
要领：双拳变换成双爪坐腕吞嗓吊肚，狮嘴麒麟眼

图 18　左上步半外弧步
要领：左脚外弧形上步，双拳交叉紧收置胸前

图 19
要领：右脚外弧形上步

图 20　开门见山
要领：左脚外弧形上步，双掌左右格挡，沉肩坠肘

图 21
要领：双臂左右格挡

图 22 左上步双直锤
要领：左脚外弧形上步，双拳前直冲拳

图 23 坐腕虎爪
要领：双拳变换成双爪，坐腕吞嗓吊肚，狮嘴麒麟眼

图 24 左上步半外弧步
要领：左脚外弧形上步，双拳交叉紧收置胸前

正面图　　　　背面图　　　　　　　正面图　　　　背面图

图 25　双臂左右格挡
要领：右脚上步左转身，双臂左右格挡

图 26　左上步双直锤
要领：左脚外弧形上步，双拳前直冲拳

正面图　　　　背面图　　　　　　　正面图　　　　背面图

图 27　坐腕虎爪
要领：双拳变换成双爪，坐腕吞嗓吊肚，狮嘴麒麟眼

图 28　右上步半外弧步
要领：右脚外弧形上步，双拳交叉紧收置胸前

正面图　　　　　背面图　　　　　　正面图　　　　　背面图

图 29　开门见山
要领：右脚外弧形上步，双掌左右格挡，沉肩坠肘

图 30　右上步双直锤
要领：右脚外弧形上步，双拳前直冲拳

图 31　丹田试力
要领：腹式呼气，同时双掌拍击丹田

图 32　将军挂印
要领：左虚步，左掌右拳相抱请拳

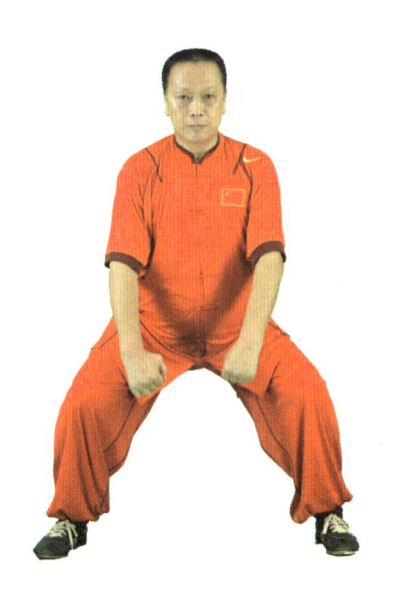

图 33 震山跨马
要领：左脚左迈成马步，双拳胯下冲拳

图 34 开门见山
要领：双臂左右格挡，沉肩坠肘

图 35 开门见山
要领：双脚开立，双臂左右格挡

图 36 立正收势
要领：双手自然下垂，徐徐放松吐气

武

佛祖棍法

棍（棒）是习武之人使用最多、最常规的长器械之一，被奉为"百兵之祖"。至今少林寺僧仍称少林棍为"镇山绝技"。

传统棍术套路有单头棍和双头棍之分，用法招数各有千秋。佛祖棍法套路招式是双头棍，便于携带，应急使用之时又便于就地取材。

莆田南少林武术"佛祖棍法"是流传于莆田民间的优秀长兵器格斗形式之一。它攻防凶猛迅速，灵活多变，防中蕴含攻之势、攻中巧含守之窍。力道通过腰、腿、马、腕的合力直达棍梢。击打对手的有关穴位而致对手重伤。本棍法与其他流派不同的是：棍法中又带有北派少林枪法中的拦、拿、扎为特点而独树一帜，整套突出南方人的特点，所以步法稳扎稳打，棍法中藏有枪法。而拳谚曰："枪扎一条线，棍打一大片"。本棍法主要采用劈、绞、挑、架、扫、反把、盖把以及枪术中的拦、拿、扎和回马枪这一招，棍法之中暗藏杀机。步型以马步、弓步、高虚步、半马步、骑龙步、丁字步、单蝴蝶步、盖步、独立步来变换招式。击打敌方的八会穴为主要目标，它是脏、腑、气、血、筋、脉、髓、骨等精气所会聚的腧穴。分别是五脏之会的章门穴、六腑之会的中脘穴、髓之会的绝骨穴（即悬钟穴）、筋之会的阳陵泉穴、骨之会的大杼穴、脉之会的太渊穴、血之会的膈俞穴、气之会的膻中穴。

佛祖棍法独特的技法在防身上极具威力，坚持练习，内可濡养脏腑，外可活动筋骨，能有效地促进人体气机的通畅运行和增进新陈代谢。整套动作大方，刚强，攻防结构合理紧凑。

棍、棒材质结构以硬质木材为佳，在莆田民间崇尚用"铁梨木"制作。相传古时南少林寺僧所使用的"棍、棒"，采用"铁梨木"，该木质地结实、棍体厚重，制作成品后，放置南少林寺中的浴煎大石槽内，倒满用青草药煎熬出的药汤，经过七七四十九天浸泡。莆田民间相传，倘若被此药汤浸泡过的"棍、棒"击打到，骨头会瘀黑，皮肉会溃烂而坏死。

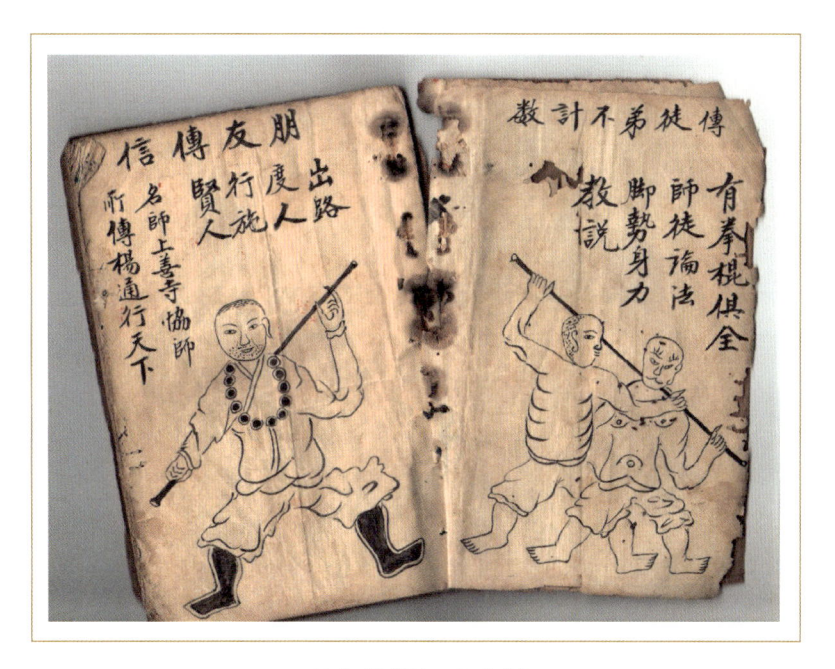

现存佛祖棍法资料

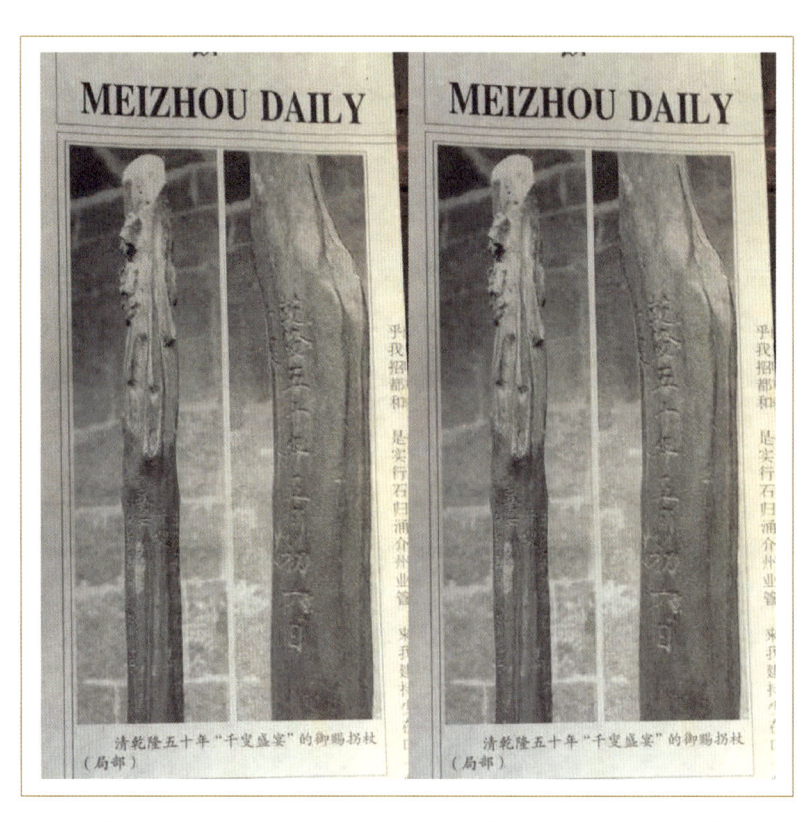

清乾隆五十年"千叟盛宴"的御赐拐杖（源自湄州日报）

2017年吴鹤演练"佛祖棍法"

2017年吴鹤(持棍)和陈绍俊"佛祖棍法"对阵"朴刀"

2017年6月10日莆田市人民政府授予吴鹤（右第一位）莆田南少林武术
"佛祖棍法""非遗代表性传承人"证书现场照片

2017年莆田市人民政府命名吴鹤为莆田市第四批非物质文化遗产项目
莆田南少林武术（佛祖棍法）代表性传承人证书

2021年11月福建省武术协会授予吴鹤社会武术优秀教练员

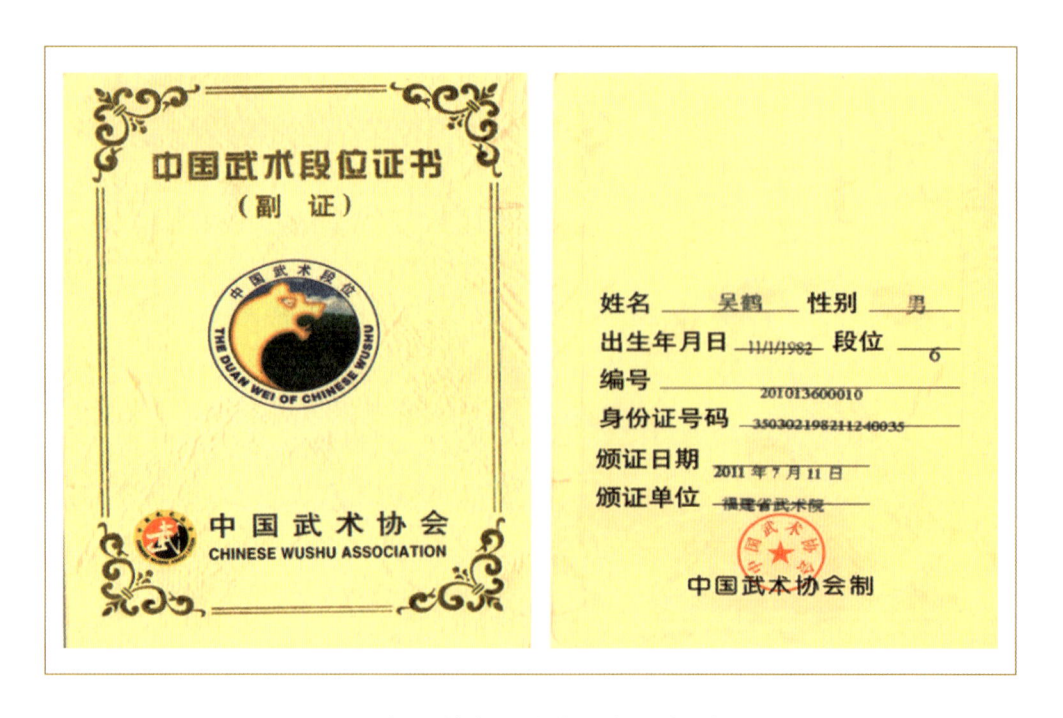

2011年吴鹤中国武术六段证书副件

佛祖棍法图谱

兰少周　传承　吴鹤　示范

一、礼佛定棍
要领：右手持棍左手立掌、目视正前方

二、高虚步抱棍
要领：右手抱棍，左虚步推掌

三、转身横扫棍
要领：右转身右弓步横扫棍

四、转身半马步下劈棍
要领：右转身下劈棍

五、左上步反把

要领：左脚后撤成左横裆步、反把下拿棍

六、马步扎棍

要领：马步右侧扎棍

七、上步反把

要领：上脚上步反把

八、独立步盖把

要领：右脚独立，双手持棍下盖

九、要领：柱棍

十、下劈棍

十一、倒插步左点棍
要领：倒插步左点棍

十二、要领：石点棍

十三、单蝴蝶步下截棍接挑裆棍
要领：右膝下跪双手持棍下扫拨

十四、要领：上步上挑棍

十五、要领：左上步上挑棍

十六、反身丁步下截棍
要领：丁步双手持棍石下截

十七、进步扎棍

要领：右脚步双手持棍右侧扎棍

十八、横裆步架棍

要领：左横裆步，双手斜架棍

十九、丁步背棍

二十、里合接独立步上挑棍

要领：右脚独立，双手持棍从下往上挑

二十一、丁步下截棍

要领：丁步双手持棍右下截棍

二十二、上步扎棍

要领：上步成马步右侧扎棍

二十三、弓步上架棍

要领：右脚上步成右弓步双手持棍上架

二十四、穿心腿

要领：右腿前蹬，双手持棍上平举

二十五、扑步下劈棍

要领：左扑步双手持棍下劈

二十六、骑龙步上挑裆棍

要领：左骑龙步，双手持棍从下往上挑

二十七、上步反把

要领：右脚上步双手持棍反把

二十八、盖步前后点棍

要领：右脚盖步转身点棍

二十九、独立步回头棍
要领：右腿独立独身回头反扎棍

三十、
要领：独立回头棍

三十一、盖把
要领：右横裆步双手下轮盖把

三十二、左右双头击棍
要领：左脚上步，双手持棍上击

三十三、
要领：右脚上步，双手持棍右上击

三十四、
要领：左上步双手持棍左上击

三十五、右独立步点棍
要领：右脚立，双手持棍左侧点棍

三十六、上步劈棍
要领：左脚落地下劈棍

三十七、转身左侧上挑棍
要领：左脚上步上挑棍

三十八、盖把
要领：仅把盖把

三十九、转身丁步推掌背棍

要领：丁步背棍左手推掌

四十、丁步绞棍

要领：丁步右下绞棍

四十一、倒插步反手后点棍

要领：右倒插步，转身后点击

四十二、反手点棍

要领：右横裆步反手下点棍

四十三、并步扎棍
要领：并步下蹲中平扎棍

四十四、上抛棍

四十五、上抛棍

四十六、立地成佛
要领：双手臂接棍，马步双掌合十

四十七、
要领：虚步抱棍

四十八、收势

武術

青龙大刀

吴鹤 示范

图 1 起势
要领：双脚立正，右手持刀目视正前方

图 2 左侧扬掌震脚
要领：震右脚，左手左侧扬掌

图 3 关公捋须
要领：上步左侧马步，右手捋须

图 4 勾踢提膝右上扎刀
要领：左脚提膝，双手持刀右上扎刀

图 5　左弓步后下扫砍
要领：左弓步，右下侧扫劈刀

图 6　左弓步背刀推掌
要领：左弓步右背刀，左手前推掌

图 7　上步垫步右转身背刀
要领：右脚提膝垫步背刀，左掌前推

图 8　左弓步上架刀
要领：左弓步持刀上架

图 9　并步右横扎刀，翻把抹刀

要领：右脚上步并步横扎刀，翻把右侧抹刀

图 10　左前上步下砍刀

要领：左脚上步左弓步，双手轮刀左下砍刀

图 11　倒插步后绞把

要领：左脚上步，左侧马步反把绞扎击

图 12　横裆步下劈刀

要领：左脚上步，马步轮刀下劈

图 13　提膝上扎刀

要领：震脚左脚提膝，右侧上刺扎刀

图 14　横裆步斜下劈刀

要领：左弓步，右侧下轮劈刀

图 15　上步反把绞扎

要领：马步反把左前横扫

图 16　左弓步右侧下劈刀
要领：轮刀左弓步，右侧下劈刀

图 17　转身提膝上轮刀
要领：左脚上步提膝上轮刀

图 18　轮刀马步下砍刀
要领：左脚落地，右脚上步，马步下砍刀

图 19
要领：马步抹刀

图 20 轮刀马步下砍刀
要领：上步马步轮刀下砍

图 21
要领：马步抹刀

图 22　转身左上轮刀

要领：左转身，左脚前弹踢，轮刀上撩

图 23　倒插步，右背刀，左手前推掌

要领：倒插步，右背刀，左手前推掌

图 24　舞刀花

要领：转身左右舞刀花

图 25　舞刀花
要领：转身左右舞刀花

**图 26　右横裆步，右手背刀，
　　　　左手推掌**
要领：右脚右迈步成右横裆步，右
　　　手背刀，左手推掌

图 27　左脚提膝，右侧上轮刀
要领：右震脚左提膝，双手握刀右
　　　上轮刀

图 28　马步下砍刀

要领：左脚落地成马步，双手轮刀右砍劈

图 29　上步马步下砍刀（第二次）

要领：双手轮刀右下砍劈

图 30　上步马步下砍刀（第三次）

要领：双手轮刀右下砍劈

图 31　并步右扎刀
要领：并步双手持刀右扎刀

图 32　上步舞刀花
要领：右脚上步往前舞刀花

图 33　上步舞刀花
要领：右脚上步往前舞刀花

图 34　退步右横裆步右手抱刀，左手推掌

要领：右脚退步成右横裆步，右手抱刀左手前推掌

图 35　转身弓步，右腋下横砍刀

要领：左转身成弓步，右腋下横砍刀

图 36　上步左弓步，左上砍刀

要领：左脚上步成左弓步，双手轮刀上砍刀

图 37　马步右腋下横砍刀

要领：左脚上步成马步，轮刀右腋下横砍刀

图 38　左上步，左弓步右侧下劈刀

要领：左脚上步成左弓步，双手轮刀至右侧下劈下

图 39　盖步后下摆尾拖刀

要领：右脚盖步，双手握刀，右侧后下摆尾拖刀

图 40 左上步，左弓步右下拖刀

要领：左上步左弓步右下拖刀

图 41 转身左弓步上砍刀

要领：左转身成左弓步，双手轮刀左上横砍刀

图 42 左提膝，左背刀

要领：轮刀提膝背刀

图 43　左弓步右下砍刀
要领：左脚落地成左弓步，双手持刀右下砍

图 44　背后舞花
要领：马步背后舞花

图 45　头顶舞花
要领：头顶舞花

图 46　转身左弓步，左上砍刀
要领：左弓步左上砍刀

图 47　右侧下摆刀，右脚弹踢
要领：左腿前踢，右侧下摆砍刀

图 48　右弓步，腋下横砍刀
要领：右脚落地成右弓步右腋下横砍刀

图 49　左侧身马步右手挂刀，左手拉须

要领：左脚侧迈，右脚转成左半马步，左手拉须，右手挂刀，目注前方

图 50　高虚步右手背刀，左手立掌

要领：高虚步右肩背刀，左手推掌

图 51　收势

要领：立正右手握刀、目视前方收势

武

历史印迹

1983年洪光荣全国千名优秀武术辅导员证书

1983年洪光荣全国千名优秀武术辅导员奖章

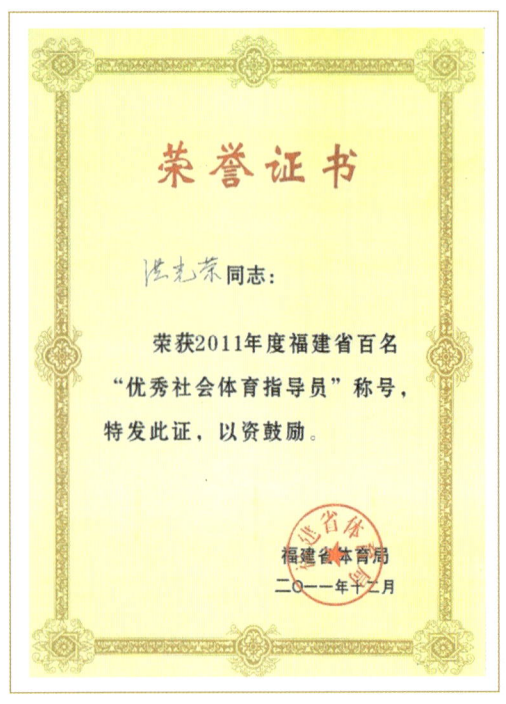

2011年洪光荣福建省百名优秀社会体育指导员证书

2000年洪光荣被授予全国青少年体育工作先进工作者

2009年莆田市人民政府颁发三十六宝传统拳术非遗匾

2011年福建省人民政府授予洪光荣省非遗牌匾

2014年6月8日洪光荣（左第1位）在遗产日被授予非遗传习所牌匾

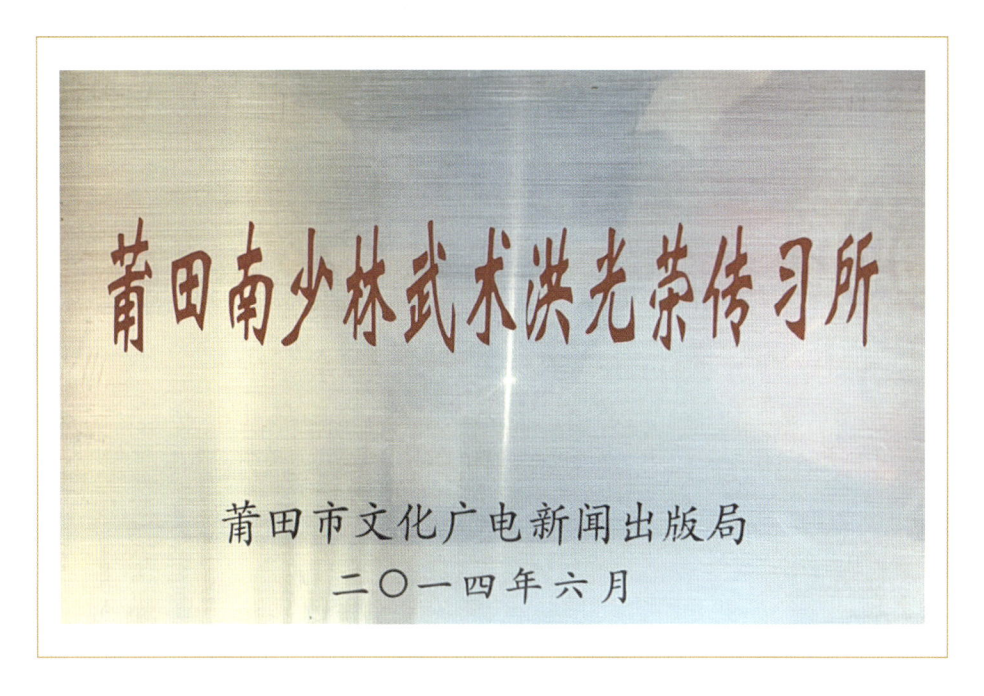

2014年洪光荣传习所匾

2018年洪光荣在首届福建省非遗武术展演

2019年南少林传承基地匾

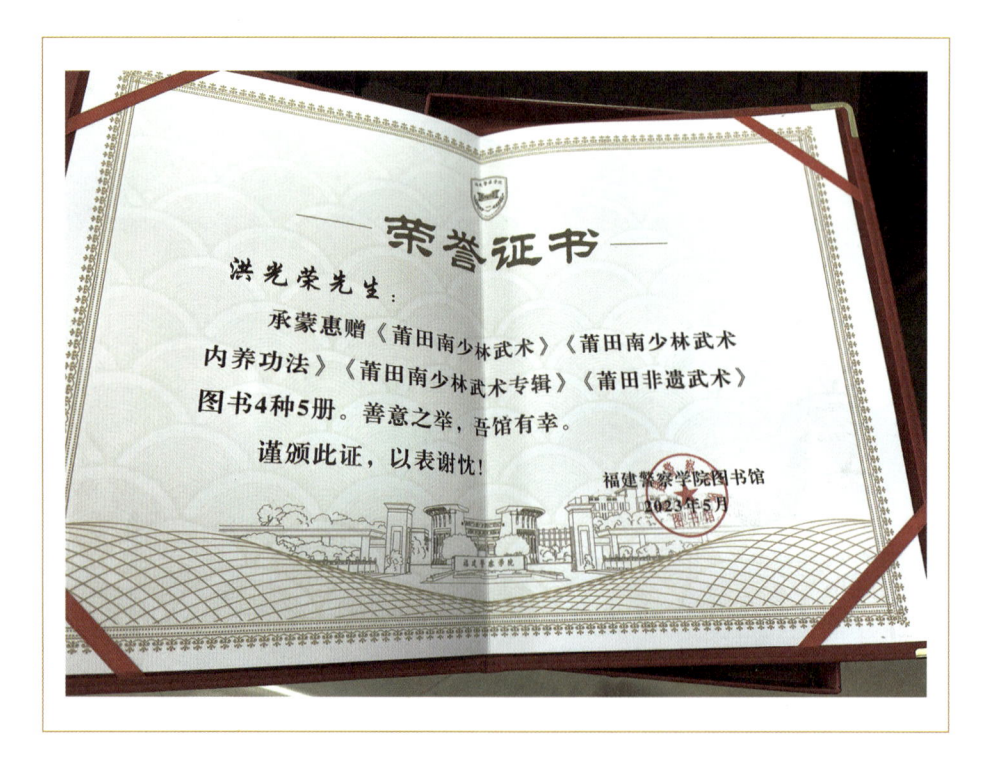

2023年5月福建警察学院收藏"南少林武术书"证书

2023年9月16日洪光荣在某部队传授佛祖棍法

2012年11月中国（莆田）南少林武术文化节上洪光荣（卧趟表演台上）表演硬功双峰贯耳，助手吴鹤（站立者），徒弟姚玉棋（挥铁锤）

2023年9月16日某部队赠送洪光荣"一方文武甲天下　传承国粹南少林"锦旗

2023年10月29日洪光荣在莆田南少林武协换届大会做总结报告

2023年3月洪光荣受邀携徒弟参加央视在莆田古街拍摄
"非遗里的中国"（现场照片）

2023年3月洪光荣携徒弟10人参加央视一套来莆田古街进行"非遗里的中国"
节目中"南少林佛祖棍法"的拍摄（图为训练照）

2023年洪光荣带领徒弟参加省招商银行年度盛典表演"佛祖棍法"（现场照片）

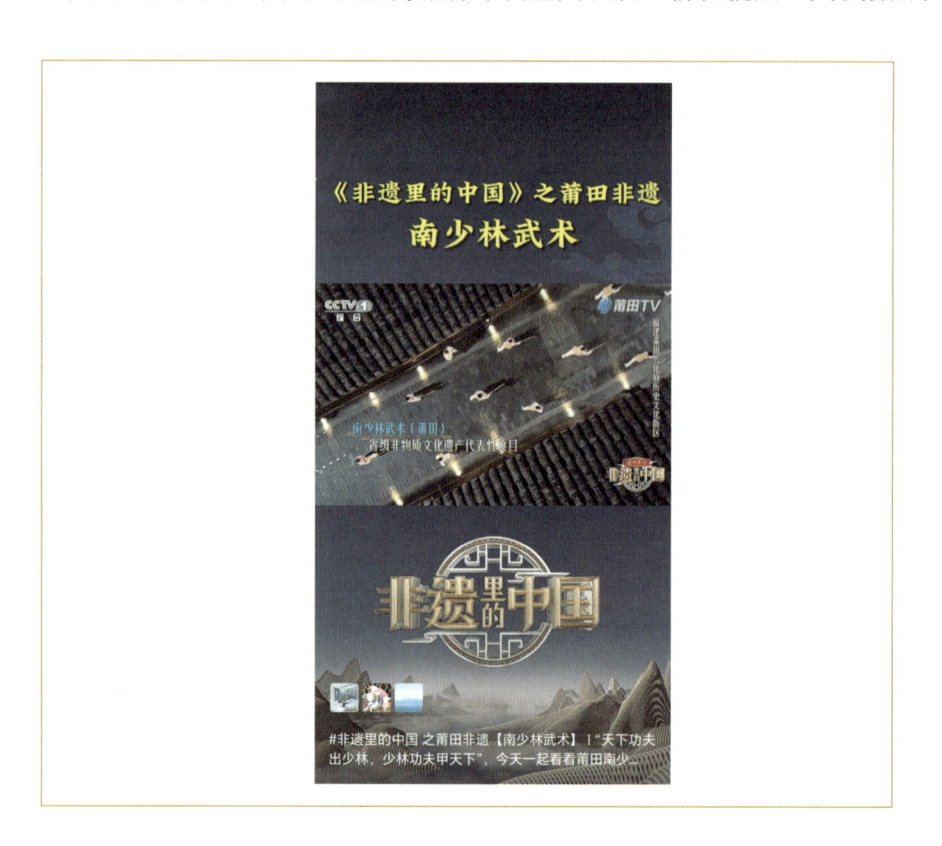

2023年央视一套来莆田古街录制洪光荣徒弟非遗里的中国"佛祖棍法"

2024年1月洪光荣（右1）、王群（左2）、王锦萍（右2）、林惠群（左1）受邀参加央视一套在上海拍摄"非遗里的中国年度盛典"（现场合影）

2024年1月洪光荣带领徒弟在上海拍摄"非遗里的中国年度盛典"（现场照片）

2024年1月洪光荣（正面站立者）受邀带徒弟往上海拍摄"非遗里的中国年度盛典"佛祖棍法（彩排现场导演指导照片）

2024年1月洪光荣受邀带徒弟往上海拍摄"非遗里的中国年度盛典"佛祖棍法（现场照片）

2024年1月洪光荣（正当中者）受邀携徒弟在上海拍摄"非遗里的中国年度盛典"（工作照）

2024年1月洪光荣、王群受邀往上海拍摄"非遗里的中国盛典"（现场照片）

2024年1月洪光荣在上海拍摄"非遗里的中国年度盛典"

2024年1月拍摄"非遗里的中国年度盛典"
（莆田南少林洪光荣团队训练照片）

证 书

命名洪光荣为福建省第四批非物质文化遗产保护项目《南少林武术（莆田）》代表性传承人。

福建省文化厅
二〇一八年二月

福建省文化厅命名洪光荣为南少林武术（莆田）代表性传承人

证 书

命名 洪光荣 为莆田市第二批非物质文化遗产保护项目 南少林"三十六宝"传统拳术 代表性传承人。

莆田市人民政府
2010年11月

洪光荣三十六宝传统拳术非遗代表性传承人证书

2021年福建省武术协会授予洪光荣突出贡献老武术家证书

2023年福建省健身气功协会授予洪光荣特殊贡献奖

2023年洪光荣（左2）授奖现场照片

荣誉证书

洪光荣 先生：

纪念民族英雄俞大猷诞辰520周年之天娇杯洛江论剑会议，您为特邀嘉宾并作主旨演讲。

特颁此证，以示感谢！

福建省武术协会　泉州市洛江区人民政府

二〇二三年十二月

2024年福建省南拳文化传承与发展论坛
论文录用证书

论文题目：莆田南少林武术
　　　　　——三十六宝传统拳术源考及其传承

论文作者：洪光荣　吴鹤

作者单位：莆田南少林武术协会

福建省武术协会　福建省南少林武术研究院

2024年8月10日

2024年福建省传统武术展演大会,洪光荣(中)携弟子姚玉棋、徒孙姚碧琼展演"三十六宝传统拳"

2012年洪光荣参加福建"文化遗产日"授予"非遗"牌匾(现场照片)

2020年4月洪光荣（中）在南少林寺彩排照片

2024年6月洪光荣携徒弟参加福建省传统武术展演大会

2008年央视4套国际频道来莆田拍摄《鹤影禅踪》旗帜

2025年5月莆田市健身气功协会参加福建省健身气功站点联赛总决赛荣获团体总分一等奖（第二名）（赛后现场照片）

2025 年 5 月莆田市健身气功协会参加福建省健身气功站点总决赛
荣获团体一等奖（第二名）

WUSHU AS
洪光荣
突出贡献老武术家
福建省武术协会
2021年11月

捐赠证书
承蒙莆田市健身气功协会对“特步杯”福建省南拳文化传承与发展论坛暨南拳精英邀请赛捐助资金10000（壹萬元整）元，至为铭感。
谨呈证书，以兹永志
福建省武术协会
二〇二四年八月

福建省跆拳道协会
Fujian Taekwondo Associatiom
副会长
洪光荣
中国·福建
2018年10月

福建省跆拳道协会
Fujian Taekwondo Association
副会长
2021年—2025年
洪光荣
福建·福州
2021年12月

莆田南少林武术协会
创会会长
洪光荣

福建省南强武术研究院
第一届理事会
洪光荣
顾问
2022年—2026年

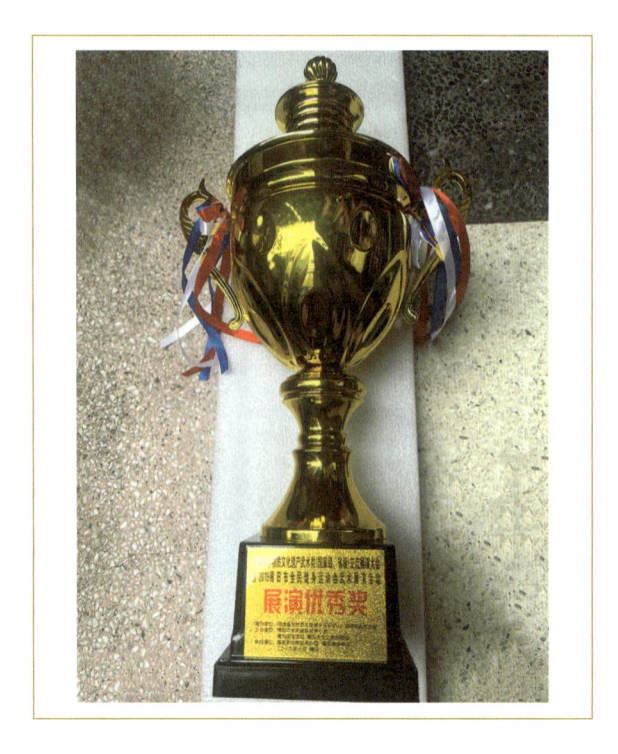

2019年洪光荣荣获展演优秀奖

2025年莆田市健身气功协会荣获福建省健身气功总决赛团体总分一等奖

2025年2月2日（正月初五）晚上，王群会长受邀率领健身气功精英参加荔城区文旅局举办的《迎新春南少林武术暨健身气功串烧》专场表演后集体现场照

2025年1月福建省健身气功协会授予洪光荣"特殊贡献奖"牌匾

莆田市人民政府命名吴鹤为莆田南少林武术（佛祖棍法）代表性传承人

吴鹤演练佛祖棍法（马步上挑棍）

和尚武

后记

莆田南少林武术在武、医、健身这三大领域中具有传统的康养价值和美誉。本书的主题是"厚植中华武术和中医穴位养生沃土、放飞科学健身梦想"。重视传承，赓续武、医融合效应最大化。其最大的特色是"中华武术+中医穴位=强身健体""以武医为本、奋楫再传承"。习练者本着不勉强、不攀比、不放弃、持之以恒的精神和毅力来修炼。

人体内部就是一个独立的循环交通系统，运行通畅，则身体康健，神情焕发。

人体的奇妙结构中，血管是非常重要的一部分。它关系着我们整个身体的健康。流通的过程就像是一个在输送垃圾的运输车，它会把我们身体多余的脂肪和废物都排出体外。如果有长期不健康的生活习惯，就会打乱血管在身体内的正常工作秩序。随着年龄的增长出现血管变硬、变质的情况。影响了周身血液循环，造成筋络不畅，久淤成疾。

练习本套桩功一段时间后，自身的筋骨会有生理性的变化，有效改善血液生化指标，促进人体朝着阴平阳秘的健康状态发展。

时代在进步，人们的生活习惯和兴趣也随之在变化。现今社会上健身强身和娱乐项目多如牛毛，比比皆是，丰富多彩，这是社会进步和繁荣昌盛的体现。但是人类追崇健康是永恒的话题。本功法动作简单，不需要特定的场地、器材，不拘练功时间段，练习者也可以根据自己的身体状况和需要选择其中的任意段落动作练习。本桩功也适合居家练习。只要持之以恒，就会有收获。

编著者